M000028804

HABLAN DEL REV. BRANDAN ROBERTSON Y "EL EVANGELIO DE LA INCLUSIÓN"

"Brandan Robertson es una de las voces más poderosas de su generación, Este libro es un *tour de force* de su pensamiento teológico y de su percepción. A la vez, es sucinto y poderoso... una reflexión madura que llama a los lectores y lectoras a decidir dónde se encuentra en su propia vida y dar testimonio de ello".

—Floyd Thompkins, seminario teológico de San Francisco

"Me complace ver a Brandan Robertson abordar el tema de la sexualidad humana utilizando el enfoque de la interpretación bíblica promovido por los abolicionistas; un enfoque que lidia con la trayectoria ética de las Escrituras hacia la inclusión. Este libro es simple, claro y conciso, y llega al meollo del asunto de una manera que ayudará a los líderes de la iglesia y salvará vidas vulnerables".

—Brian D. McLaren, autor, activista y orador

"Animo a todos y todas en el ministerio y a quienes buscan mejorar su comprensión de la teología LGBT+ a tomarse el tiempo para leer y reflexionar sobre el mensaje que transmite aquí el pastor Brandan. Un mensaje de amor y comprensión".

—Aaron Bianco, Universidad de San Diego

"Brandan presenta un poderoso argumento para la inclusión total de la comunidad LGBT+ en la iglesia cristiana, centrado en la creencia de que Dios está trabajando para brindar una mayor inclusión para absolutamente todos y todas".

—Rich McCullen, líder visionario en *Missiongathering Movement*

La gran fortaleza de Brandan Robertson es que no es un cristiano progresista, como yo. Sus profundas raíces en la fidelidad cristiana conservadora lo convierten en el mensajero perfecto 'para articular las buenas noticias para la inclusión y afirmación LGBT+ en la iglesia'. En este libro, reconcilia de manera convincente la fe y la sexualidad no solo para los cristianos y cristianas LGBT+, sino también para toda la comunidad evangélica.

—Janet Edwards, Iglesia Presbiteriana (EE. UU.), ex co-moderadora de *More Light Presbyterians*

BRANDAN ROBERTSON

El evangelio

DE LA

inclusión

LAS BUENAS NOTICIAS DE LA INCLUSIÓN
LGBTIQ+ EN LA IGLESIA CRISTIANA

JUANUNO1
EDICIONES

EL EVANGELIO DE LA INCLUSIÓN
Las Buenas Noticias de la Inclusión LGBTIQ+ en la Iglesia Cristiana
de Brandan Robertson, 2021, JUANUNO1 Ediciones.

Título de la obra original en inglés *"The Gospel of Inclusion"*
This edition licensed by special permission of Wipf and Stock Publishers.
Esta edición tiene licencia con permiso especial de Wipf and Stock Publishers. www.wipfandstock.com

Library of Congress Cataloging-in-Publication Data
Name: Robertson, Brandan, author
El evangelio de la inclusión: las buenas noticias de la inclusión lgbtiq + en la iglesia cristiana / Brandan Robertson.
Published: Miami : JUANUNO1 Ediciones, 2021
Identifiers: LCCN 2020952583
LC record available at https://lccn.loc.gov/2020952583

REL105000 RELIGION / Sexuality & Gender Studies
REL012110 RELIGION / Christian Living / Social Issues
REL006630 RELIGION / Biblical Studies / History & Culture

Paperback ISBN 978-1-63753-002-3
Ebook ISBN 978-1-63753-003-0

Traducción *Ian Bilucich*
Corrector *Tomás Jara*
Créditos Portada *Equipo de Media y Redes JuanUno1 Publishing House*
Concepto diagramación interior & ebook *Ma. Gabriela Centurión*
Director de Publicaciones *Hernán Dalbes*

First Edition | Primera Edición
Miami, FL. USA.
Enero 2021

Para cada persona LGBT+ que está luchando por reconciliar su fe y sexualidad: que este libro te ayude a empezar a ver y saber, desde la profundidad de tus huesos, que eres amado y digno de amor *tal y como eres*.

CONTENIDO

PREFACIO

Durante siglos, la Biblia cristiana ha sido interpretada por los grupos cristianos dominantes de modos que dañan a las personas, tanto dentro como fuera de la iglesia. En esos grupos dañados se incluyen judíos, musulmanes, personas indígenas, esclavos africanos, personas colonizadas, personas afrodescendientes, mujeres, aquellos a los que se los consideraba herejes o heterodoxos en sus creencias, y minorías sexuales y de género (esto incluye hoy a los llamados lesbianas, gay, bisexuales, transgénero, intersexo, y queer).

Mucha de la teología y ética más importante que ha sido publicada y diseminada ampliamente en los últimos setenta y cinco años (desde la II Guerra Mundial) ha emergido de los grupos previamente dañados. Todos ellos, de una forma u otra, han reclamado que los cristianos dominantes dejaran de lastimarlos. Los movimientos que empezaron en protestas casi siempre han madurado para ofrecer versiones alternativas de la fe cristiana, lecturas alternativas de las Escrituras cristianas y comprensiones alternativas de la ética cristiana. Se han movido de ser teologías de protesta a teologías constructivas —al menos, esa es una manera de describir la trayectoria.

Hoy conocemos estas teologías constructivas alternativas como la teología de la liberación, la teología negra, la teología indígena, la teología feminista, la teología mujerista, la teología latina, la teología asiática-estadounidense, y así sucesivamente.

La oferta de Brandan Robertson me parece un trabajo de transición entre la teología de protesta LGBTQ y lo que ahora está madurando bajo la etiqueta de "teología queer". La primera generación de teología de protesta LGBT emergió en el seno del cristianismo católico romano a finales de los sesenta y setenta. Sin embargo, este tipo de literatura (con algunas excepciones) también emergió mucho después en el cristianismo evangélico, a finales del 2000 y principios de 2001. Mucho de este trabajo fue defensivo; esto es, defendía a las personas LGBTQ del daño hecho por los cristianos tradicionalistas y procuraba despojar el repertorio tradicional de los versículos bíblicos más citados para estigmatizarlos y rechazarlos.

Aquí, Brandan hace algo de ese trabajo de defender y despojarse de, pero realmente no es su foco. Eso es bueno, porque tal aproximación les permite a los intérpretes tradicionalistas establecer la agenda, y esto rara vez ha funcionado bien para aquellos que se ven perjudicados por el cristianismo tradicionalista.

Con bastante rapidez, Brandan sale del campo de juego de los adversarios y se dirige a su propio terreno, que es más interesante. Por ejemplo, argumenta que el abordaje de los supuestos tradicionalistas e intérpretes bíblicos inerrantes difícilmente se parece al abordaje de los textos sagrados que adoptaron Jesús o Pablo, y sí se parece mucho más al modo de leer la Escritura de sus adversarios. Él centra su atención en el patriarcado profundo y penetrante del mundo antiguo —por lo tanto, de los antiguos textos bíblicos—, fundamental tanto para entender lo que sucede con estos textos y como razón para rechazar cualquier aplicación literalista de ellos. Ofrece una interpretación más creativa de la emasculación del Jesús traspasado de múltiples formas en la cruz. Y ofrece un enfoque de los rasgos distintivos del reino inclusivo de Dios y del movimiento de su Espíritu, tanto en el Nuevo Testamento como entre los cristianos LGBTQ en la actualidad.

De esta manera, el trabajo de Brandan contribuye a la teología queer constructiva de la próxima generación; es decir, la que surge de la experiencia LGBTQ, que pasa de la protesta a representaciones alternativas maduras de la teología y ética cristianas. Esta teología ahora está tomando su lugar dentro del abanico de otras similares. No es ninguna coincidencia, por ejemplo, que la mayoría de las teologías emergentes de las márgenes del cristianismo blanco, heterosexual, masculino y colonial desafíen (selectivamente) el literalismo bíblico y midan los frutos de los cristianismos dominantes por su impacto en individuos y grupos marginados. Cada una de estas teologías enfatiza el significado de la ubicación social de los intérpretes del cristianismo, atiende a las dinámicas de poder en la comunidad cristiana y enfatiza que el texto bíblico siempre es interpretado por seres humanos, que nunca son infalibles. Y a fin de cuentas, todas estas teologías movilizan hacia un entendimiento del Evangelio cristiano que enfatiza el amor de Dios e intentan liberar a los oprimidos y crear un mejor mundo a través de Jesucristo. Algo que se asemeja mucho al Jesús que encontramos en los relatos de los evangelios, incluso si no se parece tanto a las teologías de, digamos, Lutero y Calvino.

Lo que estamos viendo en esta teología de la siguiente generación escrita por personas queer, es un grupo más de personas históricamente marginadas y profundamente dañadas que reclaman a Jesús para sí mismas, incluso, si es necesario, contra los dictados del cristianismo tradicionalista.

Uno no tiene que coincidir con cada movimiento de interpretación teológica o ética de este libro para gozar de su mensaje general —una vez más, que el amor, la justicia y la misericordia sublimes de Jesús están demostrando ser de mayor alcance de lo que algunos de sus defensores más fervientes están dispuestos a aceptar. Lo que significa que millones de personas a las que se les ha enseñado a temer a Jesús como su enemigo, van a ser capaces de darle la bienvenida a su mejor amigo; de hecho, a su Salvador y Señor, su Roca y su Redentor.

Y esa sí que es una buena noticia.

David P. Gushee
Profesor distinguido de ética cristiana en Mercer
University y expresidente Inmediato de la Academia
Estadounidense de Religión

RECONOCIMIENTOS

*E*ste libro es producto de ocho años de investigación y estudio en profundidad de los textos bíblicos y la cultura grecorromana. En esos ocho años, tanto académicos como teólogos brillantes se han tomado un tiempo para ayudarme a desarrollar mi entendimiento de toda la información disponible en estos tópicos. Quisiera agradecer a la Dra. Jenny Barry, al Dr. Leonard Martini, al Dr. J. R. Daniel Kirk, al Dr. Tom Wright, al Dr. Miguel De La Torre, al Dr. David Gushee, a la Dra. Kathrine Turpin y a Matthew Vines por las conversaciones, debates y dirección que me proveyeron mientras hallaba mi camino a las conclusiones presentadas en estas páginas. Su trabajo pionero y osado sobre estos temas ha ayudado a multitudes a encontrar su lugar en la mesa de la gracia. *Gracias.*

Al equipo de publicaciones de Wipf and Stock por comprometerse a publicar un amplio espectro de perspectivas en temas como estos, y especialmente a mi editor Robin Parry, cuyas percepciones teológicas no solo en este proyecto sino también en sus propios escritos han dado forma a mi fe de manera profunda. *Gracias.*

A nuestro Creador de gracia que ha confeccionado la vasta matriz de la humanidad a su propia imagen y semejanza, y que continúa llamándonos a una comprensión más profunda de quiénes somos tú y yo. Te honro y glorifico en estas páginas.

INTRODUCCIÓN.
CAMBIANDO NUESTRO ENFOQUE

No hay tema que haya dividido más al cristianismo de occidente en la última década que el tema de la inclusión plena de las minorías sexuales y de género (también conocidas como la comunidad LGBT+)[1] a la vida eclesial de las denominaciones cristianas de todo el mundo. Si bien el movimiento de derechos LGBT+ ganó un tremendo impulso durante la década de 1960 culminando, en muchos sentidos, el 26 de junio de 2015 con la legalización nacional del matrimonio entre personas del mismo sexo por parte de la Corte Suprema de los Estados Unidos, gran parte del cristianismo ha tenido problemas en mantenerse al día con los rápidos cambios culturales, sociales y legales, poco seguros de cómo reconciliar sus creencias doctrinales con los datos psicológicos modernos y la aceptación social generalizada del espectro de sexualidades queer[2] e identidades de género.

Esto ha resultado en dos respuestas predominantes desde dentro de las denominaciones cristianas. O bien algunas denominaciones han clavado sus talones en la tierra y declararon que no están abiertas a reconsiderar sus

---

1 "LGBT+" es una jerga común que refiere a lesbianas, gay, bisexuales, transgénero y otras sexualidades queer o identidades de género.

2 La palabra "queer" es una etiqueta común usada por muchos dentro de la comunidad LGBT+ para descubrir todo el paraguas de identidades de género y orientaciones sexuales que caen dentro de la etiqueta tradicional "LGBT+". Queer también se puede referir exclusivamente a individuos no conformes con su género, que no encajan en el binario masculino/femenino.

creencias en este asunto, sugiriendo que ha sido agotado por las enseñanzas de la Escritura y la tradición de la iglesia; o bien han adoptado ampliamente lo que despectivamente ha sido llamado el abordaje "revisionista"[3] a las enseñanzas bíblicas sobre la homosexualidad, buscando reinterpretar el significado de los pasajes que se refieren a las relaciones entre personas del mismo sexo, sugiriendo que o no se aplican a los cristianos en la era del nuevo pacto o que hemos entendido mal el significado original del idioma y contexto griego y hebreo.

Mientras que ambos abordajes tienen legitimidad en el discurso teológico sobre la inclusión LGBT+, también han fallado en buena medida para convencer a alguien de cambiar su perspectiva. El abordaje conservador (o "tradicionalista") funciona para evangélicos y otros cristianos conservadores que sostienen la doctrina de la inerrancia de la Escritura, y allí pone fin a la conversación.[4] La aproximación revisionista funciona para aquellos que buscan continuar trabajando dentro de los límites puestos por los argumentos tradicionalistas, centrados en los seis textos bíblicos referidos a la homosexualidad,[5] e intenta dirimir la conversación con la afirmación de que hemos entendido mal lo que estaba

---

3 El "revisionismo" tiende a referir al intento de revisar nuestro entendimiento del significado original de las Escrituras. Ver Gonnerman, "Why Matthew Vines Is Wrong about the Bible and Homosexuality" [¿Por qué se equivoca Mattew Vines sobre la Biblia y la homosexualidad?].

4 Para ejemplos del abordaje tradicionalista, ver la obra de Robert Gagnon, Michael Brown, Preston Sprinkle, Albert Mohler, Kevin DeYoung, Sam Allberry y Christopher Yuan.

5 Los seis pasajes bíblicos tradicionalmente usadas para condenar la "homosexualidad" son Génesis 19:5; Levítico 18:22 y 20:13; Romanos 1:26–27; 1 Corintios 6:9; 1 Timoteo 1:9–10.

sucediendo en la mente y el contexto del autor bíblico, o que los textos bíblicos ofrecen poca perspectiva sobre la comprensión moderna de la sexualidad y la identidad de género.[6]

Cuando mantenemos enraizado en nuestro debate LGBT+ la interpretación personal que tenemos de los seis versículos relacionados con la homosexualidad, el árbol nos impide ver el bosque. Hay poco movimiento en ambos lados del debate porque estamos muy enfocados en cuál es la interpretación más histórica y teológicamente correcta de estos versículos, la cual es una pregunta que nunca puede llevar a una respuesta firme y conclusiva, pues nadie puede acceder a la mente de los autores bíblicos. En vez de centrarnos en estos versículos como el punto principal de nuestra discusión, creo que debemos dar un paso atrás y observar la metanarrativa de la escritura y la teología cristiana, y preguntarnos si el panorama más amplio de la enseñanza cristiana tiene algo para decirnos sobre la inclusión de minorías sexuales y de género en la vida de la iglesia. Esta aproximación ha sido abrazada por muchos movimientos teológicos a través de la historia del cristianismo, y ha propiciado el nacimiento de la teología de la liberación, la teología feminista, la ecoteología y, en años recientes, se ha reconvertido y vuelto a aplicar al contexto queer.

Como una persona LGBT+ que ha crecido y sido entrenada en contextos evangélicos conservadores, he pasado la última década de mi vida luchando por reconciliar

---

6 Para ejemplos que contengan el abordaje revisionista, ver la obra de Matthew Vines, Colby Martin, Walter Wink, Justin Lee y Robin Scroggs.

mi fe con mi identidad sexual. Me he sometido a programas de terapia de conversión, he consultado con teólogos líderes en estos asuntos y he viajado por el mundo buscando respuestas a preguntas teológicas de si se puede adoptar o no un posicionamiento para la afirmación e inclusión total de minorías sexuales y de género al cristianismo y en la sociedad. Conforme mi viaje se fue desenrollando, me he convencido de que la trayectoria ética de la Biblia debería guiar a los cristianos hacia la posición de una inclusión y aceptación más grande de aquellos que previamente han sido considerados "impuros", y que el imperativo de Jesús en el Nuevo Testamento es escuchar y depender de la revelación continua del Espíritu Santo para guiar nuestra fe y práctica. También me he vuelto cada vez más consciente del gran daño psicológico y espiritual que produce la teología no inclusiva en las vidas de los individuos LGBT+ que se encuentran en contextos religiosas conservadores, y creo que el "fruto" que se manifiesta de la no inclusión es la imputación contra su validez como una buena teología y práctica.

Si bien mi propia fe y paradigma teológico se ha sometido a grandes cantidades de evolución y reformas en la última década, todavía siento un llamado especial a moverme dentro del paradigma teológico del cristianismo evangélico para realizar una argumentación bíblica y teológica de cómo el trabajo moderno del Espíritu Santo expande los límites del "reino de Dios" para incluir del todo a las minorías sexuales y de género. En este libro, exploraré los efectos de la teología y práctica no inclusiva y la trayectoria redentora de la Escritura hacia una mayor inclusión. Luego de explorar el contexto de los denominados "versículos garrote", subrayando una muestra de textos bíblicos que demuestran la necesidad de una reforma dirigida por el Espíritu hacia la inclusión, concluiré con evidencia sociológica moderna que sugiere que el Espíritu Santo está, de hecho, provocando un avivamiento entre las minorías sexuales y de género en las comunidades cristianas de todo el mundo.

Desde el comienzo, quiero postular que este libro no busca proveer de una teología exhaustiva de la sexualidad y el género desde una perspectiva cristiana progresista, sino brindar un punto de entrada para aquellos que buscan entender cómo la Biblia y la tradición cristiana proveen un camino para la inclusión y recepción de las personas LGBT+. Mi intención es que este libro sirva como complemento de mi libro previamente publicado, *Our Witness: The Unheard Stories of LGBT+ Christians* [Nuestros testigos: Las historias no escuchadas de los cristianos LGBT+]. Ese volumen incluye unos muestreos de argumentos contenidos en este libro pero no era el proyecto apropiado para que diera cuerpo a aquellos postulados en profundidad. Mi meta en este libro es revisar algunos de los argumentos que toqué en *Our Witness*, y luego crear una guía teológicamente robusta y aun así accesible para los cristianos LGBT+ y nuestros aliados, para articular una argumentación teológica cristiana tendiente a la inclusión y afirmación LGBT+ en la iglesia. Es mi oración que todo aquel que acceda a este material sea provocado y alentado a cavar más hondo en la vasta tradición cristiana de la inclusión y sea fortalecido en la lucha contra las teologías no inclusivas que por mucho han clamado ser la única posición legítima cristiana sobre la inclusión LGBT+. Nuestras tradiciones nos dieron un terreno sólido donde pararnos en nuestra lucha por darles un lugar en la mesa de la gracia a los cristianos LGBT+, y debemos pararnos con confianza y convicciones al proclamar el evangelio radicalmente inclusivo de Jesucristo en nuestros días y época.

1
CONOCIDOS POR SUS FRUTOS.
EL DAÑO DE LA TEOLOGÍA NO INCLUSIVA

Antes de empezar a dialogar sobre la exploración de una teología cristiana inclusiva, creo que es importante resaltar el impacto negativo de las teologías no inclusivas en los individuos sometidos a tales enseñanzas. Una de las pruebas bíblicas más básicas para determinar la verdad de una doctrina o práctica está basada en la enseñanza de Jesús en el Evangelio de Mateo, donde proclama que una forma en que sus discípulos pueden discernir entre los profetas verdaderos y falsos es "por sus frutos".[1] Este lenguaje de "frutos" aparece numerosas veces a lo largo del Nuevo Testamento[2] y plantea el imaginario agrícola de primer siglo, que nos presenta unos cultivos que dan "buenos frutos" o una cosecha que es deliciosa, comestible y rentable, en comparación con los cultivos que dan "malos frutos", o una cosecha enferma y escasa. A lo largo del Nuevo Testamento, se nos recuerda continuamente que la fidelidad de los seguidores de Jesús portará "buenos frutos", o lo que el apóstol Pablo llama "fruto del Espíritu".[3] Si alguien toma este llamado a discernir y examinar la enseñanza cristiana en serio, resulta inevitable preguntarse: ¿Cuál es el resultado de

---

1 Mateo 7:16.

2 Mateo 3:8–10; 7:16–20; 12:33; 21:43; Lucas 6:43; Juan 15:5; Romanos 7:4; Gálatas 5:22.

3 Gálatas 5:22.

la enseñanza en las vidas de aquellos que la recibimos? Si una enseñanza produce vida y amor, uno podría argumentar que da buenos frutos, y por lo tanto que es una enseñanza fiel y verdadera. La vida misma de Jesús nos sirve como ejemplo de cuán buenos frutos poseía: defendió a los oprimidos, les dio la bienvenida a los marginados y sanó a los lastimados por los poderes religiosos y políticos. Pero ¿qué si una enseñanza produce muerte, daño mental y miedo? Siguiendo el patrón desplegado en las Escrituras, pareciera que deberíamos condenarla por sus "malos frutos" y "cortarla y arrojarla al fuego"[4] o descartarla de inmediato como "falsa".

LA EVIDENCIA PSICOLÓGICA DEL DAÑO

Aun así, cuando se trata de las enseñanzas de la iglesia sobre la no inclusión, este estándar bíblico ha sido ampliamente ignorado. Durante la última década, se han llevado a cabo docenas de estudios revisados por pares que demuestran una clara relación entre las enseñanzas y prácticas religiosas no inclusivas y tasas más altas de depresión y suicidio en minorías sexuales y de género. En 2008, el Dr. Louis Hoffman publicó un artículo que describe un esfuerzo de investigación de varios años para determinar qué daño psicológico, si es que hubo alguno, fue causado por las enseñanzas religiosas que escuchó una persona LGBT+. Concluyó sus hallazgos con la siguiente declaración: "Es evidente que las afirmaciones negativas y ambiguas de la religión tienen un impacto en la salud espiritual, religiosa y particularmente psicológica de los

---

4 Mateo 7:19.

individuos LGBT".[5]

En 2012, el European Symposium of Suicide and Suicidal Behavior [Simposio Europeo del Suicidio y Comportamientos Suicidas] publicó una encuesta innovadora que sugería que las tasas de suicidio entre los jóvenes LGBT+ eran significativamente más altas si crecían en un contexto religioso.[6] De manera similar, docenas de estudios entre 2001 y 2015 encuentran puntos de encuentro entre la afiliación religiosa y las tasas más altas de depresión y suicidio en los adultos LGBT+. Un estudio publicado en 2014 por Jeremy Gibbs concluyó:

> La [minoría sexual joven] que madura en contextos religiosos, que facilitan el conflicto de identidad, tiene mayores probabilidades de pensamientos suicidas e intentos de suicidio comparado con otras minorías sexuales jóvenes.[7]

Un estudio publicado en el *American Journal of Preventive Medicine* encontró que las afiliaciones religiosas incrementaban significativamente el riesgo de suicidio entre la juventud LGBT+, mientras que, en general, reducían el riesgo de suicidio entre la juventud heterosexual. Carol Kuruvilla, una reportera del Huffington Post, resumió los hallazgos del estudio, diciendo:

> … entre los jóvenes gay y lesbianas, el alto nivel de relevancia

---

5 "Creencias religiosas y percepciones de la salud psicológica en individuos LGBT".

6 Personal de prensa judío, "Study: Highest Suicide Rates among Religious Homosexuals" [Estudio: Tasas de suicidio más altas entre homosexuales religiosos].

7 Goldbach, *Growing Up Queer and Religious* [Creciendo como queer y religiosa].

que se le otorga a la religión está asociado con mayores probabilidades de pensamientos suicidas recientes. De hecho, la juventud lesbiana y gay que afirmó que la religión es importante para sus vidas, resultó un 38 por ciento más proclive a haber tenido pensamientos suicidas recientes en comparación con jóvenes lesbianas y gay que reportaron que la religión tenía menos importancia. Solo el factor de la religión entre lesbianas fue vinculado a un 52 por ciento de incremento en la posibilidad de ideas suicidas recientes.[8]

Hasta Christopher Yuan, académico, cristiano y gay, no solidario para con las identidades LGBT+, dio a conocer los resultados de un estudio que realizó con estudiantes que se identifican como LGBT+ en universidades cristianas, en el cual encontró que los estudiantes que asistían a escuelas cristianas no afirmantes[9] "la soledad que sentían por ser cristianos y cristianas LGB [o con atracción por su mismo sexo], era comparable a la de los marginados sociales".[10]

Cada año, salen nuevos estudios que sugieren que las enseñanzas religiosas no inclusivas resultan en mayores tasas de depresión y pensamientos suicidas entre jóvenes y adultos LGBT+ por igual. Estos hechos deben ser acatados por aquellos cristianos en el liderazgo y llevarlos a una profunda reflexión sobre cómo sus enseñanzas y sus prácticas son cómplices en estas tendencias preocupantes.

---

8 Kuruvilla, "Chilling Study Sums Up Link between Religion and Suicide for Queer Youth" [Un estudio escalofriante resume el vínculo entre la religión y el suicidio para jóvenes queer].

9 Del inglés "non-affirming", es decir, que no validan otra identidad que la que propone la heteronormatividad (N. del T).

10 Yuan, "Giving a Voice to the Voiceless", ["Dando una voz a los sin voz"] 58.

SUMANDO LOS COSTOS

Mientras muchos exponentes religiosos conservadores tienen una resistencia muy fuerte contra cualquier sugerencia de que su teología tiene algún efecto real en la salud mental y en las tasas de suicidios LGBT+ —y de hecho, suelen usar estas estadísticas para sugerir que no son sus enseñanzas sino más bien el "estilo de vida gay" el que contribuye a las enfermedades mentales de las personas LGBT+—,[11] estos números y las experiencias de las personas LGBT+ no pueden ser negados o ignorados. Las enseñanzas religiosas que perpetúan la idea de que las minorías sexuales y de género son, de alguna manera, mentalmente trastornadas, defectuosas o pecaminosas debido a esta parte de su identidad tienen efectos directos en la salud mental de tales personas. Del mismo modo, cuando los congregantes heterosexuales digieren estas enseñanzas y las implementan en la práctica al momento de relacionarse con personas LGBT+, a menudo resulta en rechazo duro y condenación. Si la persona LGBT+ es joven, puede que sea forzada a terapias de conversión, una práctica pseudopsicológica que ha sido condenada como peligrosa para la salud y bienestar de las personas LGBT+[12] por cada asociación psicológica de renombre[13] en los

---

11 Para ejemplos, ver la entrevista del Dr. Michael Brown donde sugiere que los activistas por los derechos LGBT+ usan a las víctimas de suicidio como peones para perpetuar la agenda gay. Tashman, "Michael Brown".

12 Campaña por los derechos humanos, "Policy and Position Statements on Conversion Therapy". [Políticas y pronunciamientos sobre la terapia de conversión].

13 Por "renombre", me refiero a asociaciones psicológicas involucradas en estudios revisados por sus pares, validados por el gobierno como recursos confiables de información, a las muchas asociaciones psicológicas más pequeñas y con raíces religiosas que son vistas por la comunidad psicológica dominante como involucradas en una forma de pseudopsicología.

Estados Unidos. Si un joven escoge abrazar su sexualidad o identidad de género, es probable que sea echado de su hogar, incrementando las tasas de jóvenes LGBT+ en la calle, los cuales actualmente representan entre el 20 y 40 por ciento de jóvenes sin hogar.[14]

Mientras uno examina la evidencia más de cerca, el fruto de la enseñanza y la práctica religiosa no inclusiva es innegablemente clara —engendra muerte, rechazo, daño psicológico severo y daño espiritual en minorías sexuales y de género. Entonces, de estos malos frutos se deduce que estas enseñanzas deberían ser "arrojadas al fuego"[15] y los practicantes religiosos de todo tipo deben volver a sus textos sagrados y tradiciones para reevaluar los mensajes que están predicando, buscando escuchar atentamente la voz del Espíritu en busca de un mensaje que sea verdaderamente una buena noticia y que dé vida a todas las personas.

---

14 Nicholas, "Lesbian, Gay, Bisexual, and Transgender Youth: An Epidemic of Home-lessness" [Jóvenes lesbianas, gay, bisexuales y transgénero: una epidemia de personas sin hogar].

15 Mateo 7:19.

2
GARROTEADO.
REEXAMINANDO LOS TEXTOS BÍBLICOS SOBRE
LA HOMOSEXUALIDAD

Si bien desde la abundante evidencia psicológica se desprende que la enseñanza cristiana tradicional que condena a la homosexualidad es inherentemente dañina a la psiquis de los individuos LGBT+ que quedan aplastados bajo su peso, para empezar a desmantelar la enseñanza no inclusiva es esencial examinar cómo su mal manejo y mal entendimiento de los textos bíblicos *parecen* abordar el tópico de la homosexualidad. Pero, como con muchos temas modernos, en realidad la Biblia dice muy poco sobre la homosexualidad. De hecho, quiero sugerir que la Biblia no dice *absolutamente nada* sobre las relaciones sexuales entre las personas del mismo sexo modernas tal y como las conocemos hoy.

Digo esto principalmente porque la noción de orientación sexual ni siquiera se entendió hasta el siglo XVI, y por ende, los escritores de la Biblia no habrían entendido o pensado en términos de las categorías de "heterosexualidad" y "homosexualidad". De todos modos, la Escritura hace algunas referencias a experiencias sexuales entre personas del mismo sexo, y es desde estos pasajes limitados que la iglesia ha construido una teología antiafirmante.

En toda la Biblia, desde Génesis hasta Apocalipsis, hay 23.145 versículos. De esos, solo *cinco* dicen *algo* sobre las relaciones entre personas del mismo sexo. Estos son:

- Levítico 18:22
- Levítico 20:13
- Romanos 1:26-27
- 1 Corintios 6:9-10
- 1 Timoteo 1:9-10

En mi propia búsqueda de reconciliar mi fe cristiana y mi sexualidad queer, debo admitir que los argumentos hermenéuticos hechos sobre estos cinco versículos no fueron lo que me convencieron de que no había contradicción entre mi fe y mi sexualidad. Como verán, hay muy buenas razones para creer que estos textos, cuando se entienden en su contexto bíblico y cultural, no aplican *en absoluto* a la conversación moderna sobre la inclusión LGBT+ en la iglesia. Por otro lado, no tengo problema en admitir que, para algunos de estos textos, particularmente los pasajes de Levítico, su interpretación en el mundo antiguo hubiera sido una condenación llana a todas las formas de expresión queer. Estoy de acuerdo con la evaluación del académico William Loaders de que "la Biblia condena rotundamente la homosexualidad y la actividad homosexual. De esto no hay sombra de duda. Sus escritores deploraron los actos homosexuales como una perversión deliberada de la naturaleza humana, una burla de la intención de Dios en la creación".[1]

---

1 Loader, "What Does The Bible Say about Homosexuality?" [¿Qué dice la Biblia sobre la homosexualidad?].

Como luego exploraremos con una profundidad considerable, la visión del mundo patriarcal en la que funcionaron los autores de las Escrituras exigía que condenaran todas las formas queer de sexualidad y género, porque tales expresiones amenazaban intrínsecamente el orden de su sociedad. Así que, si una pareja gay moderna hubiera aparecido dentro del contexto histórico del pueblo hebreo antiguo, es muy probable que hubieran sido "puestos a muerte"[2] de forma horrible, como ordena Levítico, por la amenaza que suponía su relación a lo que el pueblo hebreo consideraba el orden fundamental de la creación. Para llegar a un lugar de afirmación total y de celebración de las identidades LGBT+ desde una perspectiva judeocristiana, me parece que el único camino lógico y fiel es descubrir más maneras fidedignas de relacionar la Escritura como un todo (es decir, entenderla en su contexto histórico y cultural y no aplicarla de modos literalistas e inerrantes), y trazar la trayectoria de inclusión en la misma dirección en la que el Espíritu parece llevar la narrativa de las Escrituras desde las primeras páginas del Génesis hasta las palabras finales de Juan en Apocalipsis.

Con eso dicho, *creo* que el entendimiento del contexto de cada uno de los llamados "versículos garrote" es esencial para combatir su mal uso y abuso por cristianos no afirmantes. Como decía siempre uno de mis profesores, Dr. Christopher Yuan: "El contexto no solo es el rey, es todo el mazo de cartas". Cuando entendamos el contexto de cada pasaje y cómo la

---

2 Levítico 18:22

cultura antigua entendía la expresión sexual homosexual, empezaremos a ver que, en casi toda instancia, la condenación tenía que ver menos con la relación romántica entre personas del mismo sexo y más con pecados severos tales como la idolatría, la explotación y la amenaza hacia el "orden divino" de la sociedad antigua.

Conforme exploremos los pasajes "garrote" de la Escritura, examinaré el contexto bíblico y cultural, así como las palabras elegidas por el autor, para mostrar cómo una lectura simplista y nominal de textos aislados puede llevar a interpretaciones no del todo fieles a la intención original y conducir a un mal uso y al abuso de estos pasajes.

LA BIBLIA HEBREA

SODOMA Y GOMORRA

Un pasaje importante de la Escritura que a menudo fue usado para elaborar argumentos no afirmantes es la historia de Sodoma y Gomorra, en Génesis 18 y 19. En estos capítulos se nos cuenta de dos mensajeros angelicales que conocieron a Lot en las puertas del pueblo y quisieron pasar la noche en la plaza del pueblo. Lot, que sabía que las ciudades estaban llenas de personas malvadas, y en una muestra de hospitalidad, insiste que los mensajeros se queden con él en su casa. Más tarde en la noche, los hombres de las ciudades fueron a la puerta de Lot y demandaron que los mensajeros salieran afuera para violarlos. Sorprentemente, Lot se niega a que los mensajeros salgan y, en su lugar, ofrece a sus hijas.

La historia concluye con los mensajeros angelicales dejando ciega a la turba, permitiendo, así, que Lot y su familia escapen antes de traer el juicio de Dios, por medio de fuego y azufre, sobre la ciudad.

Por milenios, lectores desinformados han vinculado la destrucción de Sodoma y Gomorra a la turba de hombres que deseaban tener sexo con los mensajeros enviados a la casa de Lot. Es de esta historia que nació la idea y la palabra "sodomía", que es definida como el acto sexual de penetración entre dos hombres. Sin embargo, casi todos los comentaristas y eruditos modernos sobre este texto, tanto tradicionalistas como afirmantes, argumentan que los pecados por los que se juzgó a Sodoma y Gomorra *no* fueron la homosexualidad o la "sodomía", sino la falta de hospitalidad de las ciudades.

En el antiguo cercano oriente, el código de la hospitalidad estaba en el corazón de sus conceptos de moralidad. Incluso en las culturas de medio oriente de la actualidad, la hospitalidad radical es una parte integral de su expresión cultural. A medida que leemos sobre el estado de las cosas en la antigua Sodoma y Gomorra en el libro del Génesis, aprendemos que la gente de estas ciudades era orgullosa, egoísta y autocomplaciente. Se preocupaban por sus propias necesidades más que por las de aquellos que les rodeaban.

En Génesis 19 obtenemos un vistazo de cómo trataban a los extranjeros (los mensajeros angelicales): intentaron violarlos en grupo en una demostración de dominación y "pasión" sexual incontrolable. Esto contrasta notoriamente con el código de hospitalidad de la mayoría de las culturas de oriente medio, que instruye a las personas recibir a los viajeros y extranjeros con los brazos abiertos. Lot representa bien este código al dar la bienvenida a los hombres, prepararles algo de comer y asegurarse de que estén a salvo, mientras que los habitantes varones del pueblo muestran gran inmoralidad. Más adelante en la Biblia hebrea, la postura no hospitalaria es declarada como el pecado por el cual Sodoma es destruida: "He aquí que esta fue la maldad de Sodoma tu hermana: soberbia, saciedad de pan, y abundancia de ociosidad tuvieron ella y sus hijas; y no fortaleció la mano del afligido y del menesteroso. Y se llenaron de soberbia, e hicieron abominación delante de mí, y cuando lo vi, las quité".[3]

Nuevamente, vemos al escritor de Ezequiel resaltando que Sodoma fue destruida por su orgullo, lo que la llevó a ser egoísta e inhospitalaria, en vez de asistir al pobre y al necesitado. Luego, este punto hace eco en el Nuevo Testamento, en el libro de Hebreos, donde el escritor dice: "No os olvidéis de la hospitalidad, porque por ella algunos, sin saberlo, hospedaron ángeles".[4]

Este texto claramente hace referencia a las narrativas de Sodoma y Gomorra y nos advierte que deberíamos ser hospitalarios con todo aquel que encontramos, porque nunca sabemos cuándo podríamos estar recibiendo ángeles disfrazados. La enseñanza clara aquí es que los cristianos deberían buscar siempre extender hospitalidad a todo aquel que encuentra, sin importar su lugar de origen, como imperativo ético y como medio para estar preparados para una potencial interacción con mensajeros de Dios.

---

3 Ezequiel 16:49–50.
4 Hebreos 13:2.

A menudo, los tradicionalistas afirman que el pasaje de Judas 7 contrasta con esta interpretación de la narrativa de Sodoma y Gomorra. El pasaje en cuestión dice: "... como Sodoma y Gomorra y las ciudades vecinas, las cuales de la misma manera que aquellos, habiendo fornicado e ido en pos de vicios contra naturaleza, fueron puestas por ejemplo, sufriendo el castigo del fuego eterno".[5]

Cualquier lector de la narrativa de Sodoma y Gomorra puede ver claro que los "vicios contra naturaleza" que deseaba la turba era la propia naturaleza de los ángeles, que eran seres de otro mundo, antinaturales desde una perspectiva terrenal. El deseo sexual antinatural de los hombres de Sodoma y Gomorra fue que intentaron violar en grupo a los extraños, que terminaron siendo mensajeros angelicales de Dios. Las acciones de la turba muestran una inmoralidad sexual atroz a muchos niveles, pero no hay indicios claros en ningún texto relacionado con la narrativa de Sodoma y Gomorra de que los llamados "deseos homosexuales" de la turba deban ser entendidos como la razón para el juicio de Dios sobre la ciudad.

Levítico 18:22 y 20:13

18:22: *No te echarás con varón como con mujer; es abominación.*

20:13: *Si alguno se ayuntare con varón como con mujer, abominación hicieron; ambos han de ser muertos; sobre ellos será su sangre.*

---

5 Judas 7.

Los dos "versículos garrote" claves en la Biblia hebrea vienen del libro de Levítico. Al examinar estos textos, he llegado a la conclusión de que, en general, pueden ser, de hecho, una condena de cualquier forma de relaciones sexuales entre personas del mismo sexo. Esto tiene que ver principalmente con los lentes patriarcales de la cosmovisión del pueblo hebreo. Más adelante explicaré por qué creo que la trayectoria de la Escritura nos lleva desde un mundo patriarcal hacia uno igualitario, justo y equitativo. Pero nuestros predecesores de la fe hebreos poseían una cosmovisión patriarcal y, por lo tanto, veían a Dios, al sexo y a las relaciones a través de esa lente.

De todos modos, para entender cada pasaje, es de vital importancia conocer el contexto cultural. Ambos versículos de Levítico son precedidos por recordatorios de que estas reglas estaban destinadas a hacer que el pueblo hebreo no fuera como los adoradores de Moloc, los cananeos y egipcios, las culturas politeístas dominantes a su alrededor.[6] Algunos eruditos sugieren que ambas culturas adoraban a dioses de la fertilidad y el amor, como Astarté e Ishtar, y parte de la adoración a estos dioses incluía sacrificio sexual. Se creía que, al depositar semen en el cuerpo de un sacerdote o sacerdotisa de los dioses, esa persona sería próspera y tendría vida eterna.[7] En Egipto, adorar al dios Moloc y a la diosa Astarté involucraba rituales en los cuales individuos de ambos sexos tenían sexo entre ellos para adorar y apaciguar a esas deidades. El académico Robert Gagnon, anti-LGBT+, escribe sobre

---

6 Levítico 18:2–3; 20:2.

7 Para más sobre la práctica de la prostitución sagrada, ver Kramer *The Sacred Marriage*

una práctica institucionalizada y aceptable que ocurría en la antigua Mesopotamia, donde se describe a los prostitutos masculinos de la diosa Ishtar vestidos como mujeres y bailando en procesiones públicas, tomando el rol pasivo en las relaciones sexuales entre personas del mismo sexo.[8] Incluso si tal adoración sexual no siempre era algo común en estas culturas (esta es una afirmación muy debatida), sabemos que era bastante regular que los antiguos egipcios violaran a los hombres que habían conquistado.[9]

Claramente, había prácticas en muchas culturas antiguas que rodeaban al pueblo judío en las que las relaciones sexuales entre personas del mismo sexo eran comunes, y en ocasiones incluso celebradas, relacionadas con la adoración de deidades paganas o expresadas como un acto de agresión y dominio sobre los conquistados.

Los códigos de pureza judíos emergieron en un contexto increíblemente específico, y, en el momento de su redacción, estaban destinados para ser aplicados en la pequeña colección de tribus que era el pueblo hebreo. La mayoría de los códigos relacionados con las expresiones y relaciones sexuales a lo largo de toda la Torá están centrados en prevenir al pueblo judío de involucrarse en actos sexuales entre miembros de la misma familia. De hecho, el contexto de Levítico 18:22

Rite [El rito sagrado del matrimonio]; Marcovich, "From Ishtar to Aphrodite" [Desde Ishtar hasta Afrodita]; Day, "Does the Old Testament Refer to Sacred Prostitution and Did It Actual Exist in Ancient Israel?" [¿El Antiguo Testamento se refiere a la prostitución sagrada? ¿Realmente existió en el antiguo Israel?].

8 Gagnon, *The Bible and Homosexual Practice* [La Biblia y la práctica homosexual], 48–49.

9 Walsh, "Leviticus 18:22 and 20:13: Who is Doing What to Whom?" [Levítico 18:22 y 20:13: ¿Quién le está haciendo qué a quién?], 208.

está en el medio de prohibiciones sobre el incesto y, por lo tanto, debería interpretarse bajo esta luz. Para ampliar esta línea de razonamiento, también debería notarse que en el libro de Deuteronomio, donde se da un resumen de los códigos morales clave para el pueblo judío, *no hay ni una sola* condenación a las relaciones entre personas del mismo sexo, pero sí una lista dedicada al incesto.[10] Claramente, el contexto y aplicación de las prohibiciones a las relaciones entre personas del mismo sexo era tan estrecho dentro del antiguo pueblo hebreo que no soportaba ser repetido en ningún otro lugar de las leyes y codigos de la Biblia hebrea.

Todo el código de pureza judío emergió con un solo propósito: distinguir al pueblo hebreo, entre todas las otras culturas, como los adoradores del Dios verdadero, una tarea increíblemente difícil para un pequeño grupo de tribus ex-nómadas y a menudo colonizadas. Los códigos fueron establecidos no tanto como un estándar sólido de moralidad y si como una respuesta directa a las amenazas culturales que rodeaban al pueblo judío en el mundo antiguo.

Esta es también la razón por la que el Nuevo Testamento, de tanto en tanto, hace una fuerte distinción entre "la ley" y "el Espíritu". En el nuevo pacto de Jesucristo, las leyes de pureza se volvieron inútiles, porque se vio que el plan de Dios se pasaba de un pacto con un pueblo selecto a *toda la humanidad*. Por lo tanto, someter a toda la humanidad a leyes culturales habría sido una tarea increíblemente difícil y un obstáculo para la difusión del evangelio en todo el mundo.

---

10 Para un estudio extensivo de esto, ver Kalir, "Same-Sex Marriage and Jewish Law?" [¿Matrimonio entre personas del mismo sexo y ley judía?].

Tanto Jesús como Pablo se opusieron fuertemente a los "legalistas" que buscaban limitar la adhesión a la comunidad mesiánica solo a individuos culturalmente judíos y exigían que cualquier gentil convertido comenzara a adoptar sus estándares culturales. Pablo llama a estos estándares "piedras de tropiezo"[11] y demanda que ningún cristiano debería imponerlos en el camino de una persona que intenta seguir a Jesús. Todos eran bienvenidos al camino de Jesús, manteniendo y adaptando su propia cultura y costumbres a la sabiduría que encontraron en las enseñanzas del nuevo movimiento cristiano.

El erudito William Loader concluye que la postura más fiel que los cristianos y cristianas pueden adoptar es no interpretar las prohibiciones levíticas como contrarias a las relaciones homosexuales. Dice:

> Las personas que argumentan que la sexualidad [homosexual] debería ser tan respetada como la heterosexual, sin mayores ni menores restricciones, operan con una hermenéutica parecida a la de Jesús, Pablo y Marcos. Citar los textos bíblicos para contrarrestar tal hermenéutica podría colocarnos, involuntariamente, del lado equivocado entre las personas del primer siglo, incluyéndonos entre aquellos que acusaron a Pablo de solo querer apaciguar a la gente de su época.[12]

Todas y cada una de las figuras centrales en el Nuevo

---

11 Romanos 14:13

12 Loader, "Biblical Perspectives on Homosexuality and Leadership" [Perspectivas bíblicas sobre la homosexualidad y el liderazgo].

Testamento son acusadas de transgredir las leyes de la Biblia hebrea, como exploraremos luego, y casi todas ellas están bastante felices de declarar que estas son incompatibles e inadecuadas, y que se quedan cortas con respecto a los deseos éticos más verdaderos de Dios para la humanidad. Para la persona que abraza la ética del Nuevo Testamento de Jesús y Pablo, se vuelve cada vez más difícil afirmar que *alguno* de los códigos de pureza levíticos se apliquen o sean relevantes para la vida de los cristianos y cristianas en la actualidad.

Cuando entendemos el contexto cultural del que emergen las prohibiciones enseñadas por la ley de pureza judía, y entendemos el contexto literario en el que se encuentran estas prohibiciones, queda muy claro que los escritores de Levítico estaban pensando en los actos sexuales homosexuales *dentro del contexto de costumbres culturales o adoración paganas*. La intención expresa de las leyes de pureza era distinguir al pueblo hebreo de los paganos que los rodeaban. Eran principalmente estándares *culturales*, no leyes morales eternas, y la ética del Nuevo Testamento llama a que los cristianos busquen dejar de vivir bajo estos estándares. En su lugar, deben abrazar al Espíritu detrás de las leyes —el Espíritu de Amor.

EL NUEVO TESTAMENTO

Romanos 1:26-27

> *Por esto Dios los entregó a pasiones vergonzosas; pues aun sus mujeres cambiaron el uso natural por el que es contra naturaleza, y de igual modo también los hombres, dejando*

el uso natural de la mujer, se encendieron en su lascivia unos con otros, cometiendo hechos vergonzosos hombres con hombres, y recibiendo en sí mismos la retribución debida a su extravío.

La condena de Pablo en la epístola a los romanos parece bastante clara para el lector promedio —se está refiriendo a algún tipo de relación sexual entre personas del mismo sexo, aplicable a hombres y mujeres, y la declara pecaminosa. Pero, una vez más, cuando se lee algún texto bíblico, es incorrecto asumir que habla de cualquier equivalente moderno de aquello que parezca estar referenciando.

Antes de abordar estos versículos, es vital entender el contexto de la condena. Todo el argumento de Pablo en la apertura de esta carta es una denuncia para la iglesia de Roma por sus actitudes juzgadoras hacia los paganos: intenta convencerlos de su propio pecado de establecerse como jueces. Como escribe Richard Hays:

El pasaje construye un crescendo de condenación, declarando la ira de Dios sobre la injusticia de los humanos y utilizando la retórica característica de la polémica judía contra la inmoralidad gentil. Lleva al lector a un frenesí de indignación contra los demás: esos incrédulos, esos adoradores de ídolos, esos enemigos inmorales de Dios. Pero luego, la picadura hace su efecto en Romanos 2:1: "Por lo cual eres inexcusable, oh hombre, quienquiera que seas tú que juzgas; pues en lo que juzgas a otro, te condenas a ti mismo; porque tú que juzgas haces lo mismo". El lector que se une alegremente a la condenación de la injusticia se queda "sin excusa" (2:1) ante Dios, así como quienes se niegan a reconocer a Dios (1:20).[13]

Este contexto es de vital importancia. Pablo está llamando a los lectores cristianos de esta epístola a ser cautelosos con el pecado de juzgar en el que todos somos propensos a caer. Sí, él puntualiza la pecaminosidad de los gentiles y debe haber una conversación sobre a qué pecados se refería Pablo exactamente, pero antes de abordar Romanos 1 para explorar lo que puede decir acerca de la homosexualidad, es esencial que comencemos con una postura de no juzgar, que es el mismísimo punto de este texto.

El descenso de la cultura pagana

Primero y principal, en Romanos 1, Pablo está describiendo la decadencia de la cultura romana, que se aleja del único Dios verdadero y se adentra en la idolatría pagana. Él dice que, en el principio, las personas romanas, como todas las demás, sabían del Dios verdadero y vivo, pero que por alguna razón decidieron volverse a la idolatría politeísta, que los llevó a un descenso inmoral hacia formas "innaturales" y "paganas" de ser. Pablo, como judío fiel, está recordando la misma enseñanza que encontramos en los pasajes levíticos: que las culturas que rodean al pueblo justo de Dios se han alejado del conocimiento innato de Dios y han caído en patrones destructivos de pecado a través de la idolatría, y que el pueblo de Dios debe resistir la influencia de estas culturas

---

13 Hays, "Awaiting the Redemption of our Bodies" [Esperando la redención de nuestros cuerpos], 9.

a toda costa.

La mayoría de los académicos creen que Pablo escribe la carta a la iglesia de Roma desde Corinto, la segunda ciudad más prominente en el Imperio Romano. Tanto en Corinto como en Roma, como a lo largo de todo el mundo grecorromano, la adoración a la gran diosa madre, conocida como Magna Mater, era una de las principales religiones y prácticas culturales. A lo largo de cualquier ciudad en aquel lugar se podían ver miles de sacerdotes y sacerdotisas de Afrodita, Cibeles, Artemisa y Venus, y en el centro de cada gran ciudad uno podía encontrar un gran templo dedicado a una de estas diosas prominentes. El erudito Lynn Roller describe la importancia de estos cultos, diciendo:

> En el siglo I d. C., la Magna Mater era, por tanto, una divinidad con un lugar central en la vida romana... Su prominencia en la literatura, el arte y la práctica habla de un culto que se encontraba en el centro mismo de la experiencia religiosa romana. Su templo estaba ubicado en el corazón de la ciudad, cerca de sus santuarios más venerables.[14]

El culto a estas diosas solía involucrar sexo sagrado: los sacerdotes y sacerdotisas practicaban desde sexo anal, penetración con un elemento fálico y sexo oral como un acto de adoración. Los sacerdotes casi siempre eran afeminados, travestidos, y, en general, castrados; por lo tanto estaban impedidos de desempeñar su papel sexual "natural", lo que los convertía en menos que hombres en la conciencia

---

14 Roller, *In Search of God the Mother* [En búsqueda de Dios Madre], 315–16.

patriarcal grecorromana, un concepto que exploraremos más adelante. Los sacerdotes y sacerdotisas del templo, a menudo vivían juntos, como marginados de su sociedad patriarcal, y solían involucrarse en actividades sexuales. Apuleyo, escritor del segundo siglo, describe el estilo de vida de los sacerdotes en esta sensual viñeta:

> El eunuco, llamado Filebo, me llevó a su alojamiento. Cuando llegó a la puerta, gritó: "¡Miren, chicas, miren! ¡Les he traído un nuevo y encantador sirviente!". Las chicas eran un grupo de jóvenes sacerdotes eunucos repugnantes que estallaron en gritos de falsete y risitas histéricas de alegría, pensando que Filebo decía la verdad y que lo pasarían bien conmigo.[15]

No hay duda de que para gran parte de la sociedad en general, igual que para el incipiente movimiento cristiano, el estilo de vida encarnado por estos sacerdotes y sacerdotisas era inmoral, aunque en el mundo grecorromano solía aceptarse como lo que podría llamarse un "mal necesario"; después de todo, necesitaban a alguien que apaciguara a la diosa. Pero en la mente de Pablo, como en la consciencia de muchos del mundo antiguo, el sexo era visto como un acto destinado únicamente a fines reproductivos. El sexo no estaba pensado para el placer ni para traer conexión o intimidad a las parejas, sino que tenía el fin de producir descendencia; punto. Por lo tanto, cualquier actividad que no tuviera ese fin, o peor, que desperdiciara la eyaculación de un hombre, era vista como impura e innatural. El sexo natural era procreativo,

---

15 Apulieus, *Golden Ass* [El burro dorado], 188–89.

y todo lo demás era innatural. Tiene lógica, entonces, que Pablo condene la cultura pagana del mundo grecorromano, que empieza con idolatría y luego pasa a rituales sexuales sagrados, que no producen descendencia. El apóstol escribe:

> ... pues aun sus mujeres cambiaron el uso natural por el que es contra naturaleza, y de igual modo también los hombres, dejando el uso natural de la mujer, se encendieron en su lascivia unos con otros, cometiendo hechos vergonzosos hombres con hombres, y recibiendo en sí mismos la retribución debida a su extravío.

Noten que Pablo *no dice* que las mujeres hayan tenido sexo con otras mujeres, al contrario de lo que usualmente se asume por los lectores. El sexo entre mujeres era extraño en el mundo antiguo, e incluso si era practicado, solía ignorarse por ser benigno. Pablo dice que las mujeres se involucraron en idolatría —una referencia a las sacerdotisas y a los variados cultos a Magna Mater— e intercambiaron las relaciones naturales por aquellas contrarias a la naturaleza, en referencia a actividades sexuales rituales cuyas metas no eran procreativas. Luego dice que los hombres —una referencia a los sacerdotes de varios cultos a Magna Mater— intercambiaron sus relaciones naturales (procreativas) con mujeres y cometieron hechos innaturales "vergonzosos" con otros hombres. En el contexto cultural, es claro que, por "natural" e "innatural", Pablo se refiere a un entendimiento del sexo encuadrado en la procreación, por lo que condena correctamente a los sacerdotes y sacerdotisas del templo por involucrarse libre y orgullosamente en tales prácticas. En este paradigma, sus acciones idolátricas eran, de hecho, en contra de la naturaleza.

Uno de los problemas interpretativos clave para los cristianos modernos que buscan usar este pasaje como una condena a la homosexualidad es que casi ningún cristiano de la actualidad sostiene la ética sexual que Pablo defiende. La mayoría de los cristianos de hoy creen que el sexo tiene el fin principal de la procreación, pero que también está para ser usado por placer y para construir intimidad relacional. Ya no creemos que el semen es una sustancia "sagrada" y que su "derroche" constituya un grave pecado moral. La mayoría de los teólogos cristianos protestantes y eticistas dirían que los condones, la masturbación, y el sexo oral y anal están permitidos en el contexto del matrimonio —y, sin embargo, todos estos actos caerían directamente en la categoría de "antinaturales" para el apóstol Pablo. Si la iglesia desea ser consistente en el uso de Romanos 1 para condenar la homosexualidad como antinatural, debe estar dispuesta a condenar *todos* los actos sexuales no procreativos como igualmente pecaminosos, una tarea que estoy seguro de que la mayoría de los líderes cristianos protestantes no están dispuestos a asumir.

Es importante notar que, en Romanos 1:26–27, los escritos de Pablo están limitados a *una cultura en particular* —el estilo de vida romano pagano y no santificado— y *no* a la condición humana en general. Él escribe sobre un pueblo *específico* en un contexto *específico*. Después de todo, no toda la humanidad ha seguido la misma trayectoria que delinea Pablo en este primer capítulo —era específico al contexto y cultura grecorromanos. Las relaciones sexuales entre hombres eran bastante comunes en el mundo grecorromano que Pablo habitaba,[16] pero la mayoría de las expresiones sexuales entre personas del mismo sexo estaban vinculadas a la adoración en el templo pagano, fiestas con cenas paganas conocidas como *convivium*,[17] prostitución, abuso de esclavos o pederastia.[18] El erudito Lynn Roller comenta justamente cuán comunes eran en el mundo de Pablo estos sacerdotes y estas prácticas:

> La evidencia sugiere que los sacerdotes eunucos eran moneda corriente en Roma. La prominencia de estos en la sociedad romana puede haber resultado de la posición segura de la que gozaban, asignada por el culto a Magna Mater. Tal estatus protegido podría haber causado que su número se multiplicara, ya que los sacerdotes demostraron ser un imán para los transexuales, travestis, y otros que se encontraban en las márgenes de la sociedad.[19]

Por lo tanto, universalizar la condenación de Pablo en Romanos 1 para aplicarla a toda la humanidad de todos los tiempos no es una lectura fiel al texto. El contexto cultural y bíblico aquí es la idolatría pagana existente en Roma, y él está condenando las relaciones entre personas del mismo

---

16 Dover, *Greek Homosexuality* [Homosexualidad griega].

17 *Convivium* eran cenas festivas romanas comunes que a menudo se convertían en orgías de borrachos.

18 La pederastia se refiere a una práctica antigua de un hombre mayor que tomaba a un joven púber como una especie de aprendiz. En esta relación, el mayor entablaría relaciones sexuales con el niño. Esta práctica no amenazaba las normas patriarcales del momento porque los niños utilizados todavía no eran considerados "masculinos" porque no tenían vello facial y no se habían desarrollado por completo.

19 Roller, *op cit.*, 319.

sexo ofrecida para la adoración a falsos dioses. El tipo de encuentro sexual que Pablo condena en Romanos 1 *no* se encuentra en las relaciones homosexuales modernas, sobre las que no dice nada, sino más bien en las expresiones sexuales idólatras de carácter único en el contexto romano. Consecuentemente, no puede ser usada para las relaciones amorosas y comprometidas de las personas LGBT+ de hoy.

Es más, cuando examinamos las palabras que Pablo usa para condenar este comportamiento explotador entre personas del mismo sexo, hay razones significativas para deducir que su condena no tiene nada que ver con el tipo de relaciones que encontramos entre las personas LGBT+ modernas. Primero, es esencial notar que la condenación de Pablo a las relaciones sexuales entre personas del mismo sexo se basa en que son vergonzosas, y no en que son pecaminosas. Pablo era un creyente judío fiel y estaba bien entrenado en las leyes levíticas. Sabemos, por sus otros escritos, que luchaba con su entendimiento de cómo la tradición judía debería relacionarse con esta nueva comunidad espiritual que estaba construyendo, centrada alrededor del ejemplo y las enseñanzas de Jesús. Eventualmente, el apóstol concluye que las leyes de pureza de la Biblia hebrea no son "de beneficio" a los cristianos gentiles, y se opone con fuerza a cualquier sugerencia de que los seguidores gentiles de Cristo necesitasen convertirse en judíos a través de rituales o de adherencia a los códigos de pureza. Sin embargo, a lo largo de sus cartas fluctúa significativamente en este punto.

En Romanos 1, Pablo parece hacer eco de los códigos de pureza de Levítico al decir que el coito entre personas del mismo sexo era vergonzoso porque lo volvía impuro. Las relaciones sexuales entre personas del mismo sexo no eran algo vergonzoso en la cultura grecorromana: se practicaban bastante abiertamente y estaban aceptadas por la mayoría en ciertos contextos culturales y rituales. En aquella cultura, a los hombres se les permitía tener sexo con otros hombres, siempre y cuando estuviesen por debajo en la jerarquía social. El acto inmoral hubiera sido si un hombre romano se permitía penetrar o ser penetrado por otro hombre del mismo estatus —esto hubiera sido visto como un acto de emasculación y sería condenado por todos en su sociedad patriarcal.

Otro argumento popular en contra de las interpretaciones anti-LGTB de Romanos 1 se centra en otra interpretación de la palabra "innatural". El académico John Boswell fue el primero en postular que, quizás, lo que Pablo quería decir por "naturaleza" es que un hombre y una mujer heterosexuales que mantuvieran sexo con sus congéneres estaban actuando de manera contraria a su naturaleza. Cualquier transgresión contra la forma en que hemos sido creados, entonces, podría verse como pecaminosa y digna de condenación en esta interpretación. Mientras que este argumento tiene sentido lingüístico y lógico, hay argumentaciones teológicas más fuertes para sugerir que Pablo no está diciendo que la homosexualidad está en contra del orden natural del mundo. Pero lo que está claro es que cuando Pablo usa la palabra "innatural", se refiere claramente a los actos sexuales en sí mismos, y no a la naturaleza de la persona que los comete. Como se afirmó más arriba, en el contexto grecorromano hubiera sido visto innatural que dos hombres de igual estatus se involucraran en coito o que cualquier persona entablara una actividad sexual que no fuera procreativa. Lo innatural no era la naturaleza u orientación de la persona, sino el acto en sí mismo, porque iba en contra del orden natural de la sociedad romana y del diseño de Dios para el sexo.

El erudito Jeremy Punt muestra cómo la misma palabra griega usada en Romanos 1 para "naturaleza" luego es usada por Pablo en Romanos 9–11 con un sentido positivo, en el que describe que Dios actúa de acuerdo a la naturaleza al injertar a los gentiles en el pueblo elegido. Punt escribe:

> El argumento de Pablo sobre la inclusión de los gentiles en el pueblo de Dios en Romanos 9–11 depende del mismo contraste entre lo que es natural y lo que es innatural. Usando el mismo lenguaje, y teniendo a Dios como el autor implícito que corta e injerta, aquí es Él quien actúa en contra de la naturaleza y es Pablo quien defiende esta acción antinatural de Dios como parte de Su gracia natural. Incluso, y de manera análoga, se espera que los seguidores de Dios sigan su ejemplo: ¡actuar en contra de la naturaleza![20]

Entonces, es claro que Pablo no implementa la palabra "innatural" para denotar algo fundamentalmente pecaminoso o inmoral, sino para indicar algo que está fuera de lo ordinario. Es un término moralmente neutral. Lo que Pablo parece estar haciendo a lo largo de toda la epístola es armar una argumentación de por qué los gentiles necesitan

---

20 Punt, "Romanos 1:18–32 amidst the Gay-Debate". [Romanos 1:18–32 en el debate gay]

salvación en Cristo y por qué deberían ser incluidos en la iglesia, y lo hace al comenzar su argumento con un retrato dramático del modo en que los gentiles han dado su espalda a Dios y han actuado de formas contrarias a lo que era visto como "normal", es decir, fuera de sintonía con el diseño de Dios. En Romanos 1:26-27, Pablo busca alejar a los gentiles de sus comportamientos sexuales de explotación o que reflejan la cultura idólatra y gentil en la que están inmersos. Cuando se ve a la luz del contexto cultural de la Roma del siglo I y de todo el mensaje de la epístola, se vuelve claro que el tipo de relaciones sexuales entre personas del mismo sexo de las que Pablo habla *no* reflejan las relaciones LGBT+ modernas, de las que el apóstol no tienen ningún tipo de conciencia y, por lo tanto, estos versículos no pueden ser usados para condenar tales relaciones.[21]

1 Corintios 6:9-10

*¿No se dan cuenta de que los que hacen lo malo no heredarán el reino de Dios? No se engañen a sí mismos. Los que se entregan al pecado sexual o rinden culto a ídolos o cometen adulterio o son **prostitutos** o practican la **homosexualidad**[22] o son ladrones o avaros o borrachos o insultan o estafan a la gente: ninguno de esos heredará el reino de Dios.*

Las palabras que Pablo usa en 1 Corintios 6:9, mal traducidas aquí arriba como "prostitutos" y "homosexualidad", son los

---

21 Para una visión en profundidad de las prácticas sexuales del culto grecorromano, ver Townsley, "Paul, the Goddess Religions, and Queer Sects: Romans 1:23-28" [Pablo, las diosas de la religión y las sectas queer: Romanos 1:23-28].

22 El texto original en inglés de la NRSV utiliza el término "sodomitas" (N. del T.)

términos griegos *malakoi* y *arsenokoitai*. Más adelante en esta sección exploraremos *malakoi*, pero para nuestros propósitos de explorar el sentido de 1 Corintios 6:9, deberíamos observar el término *arsenokoitai*, que es literalmente una palabra inventada y nunca antes encontrada en la literatura antigua *hasta* que Pablo la usó. La mayoría de los académicos concuerdan que Pablo creó este término luego de fijarse en la traducción griega de Levítico 18:22 y 20:13, que en griego se traducen de la siguiente manera:

Leviticus 18:22: meta arsenos ou koimethese koiten
gunaikos
Leviticus 20:13: hos an koimethe meta arsenos koiten
gunaikos

La traducción literal del término es "cama de hombre" y la mayoría de los eruditos están de acuerdo en que, nuevamente, probablemente se refiera a alguna forma de violación ritual o prostitución en el templo, como ya hemos discutido anteriormente en nuestra interpretación de los pasajes de Levítico. De todos modos, cualquiera que trate de aseverar que conoce con certeza el uso que hace Pablo de este término, simplemente que está siendo deshonesto (su falta de uso histórico impide que se entienda de manera definitiva).

La palabra *arsenokoitai* solo se usa algunas veces en la literatura griega luego de que Pablo la introdujera en las epístolas. Una de esas fuentes externas es *Sibylline Oracle* 2.7077, donde se presenta en una lista de "pecados económicos" o pecados enraizados en la explotación de otros:

No robes semillas. El que toma para sí mismo es maldito

por generaciones de generaciones, hasta la dispersión de la vida. No *arsenokoitein*, no revelar información privada y no asesinar. Dale al que haya trabajado su salario. No oprimas al pobre. Preste atención a su discurso. Mantenga un asunto secreto en su corazón.

De nuevo, la mayoría de los académicos acuerdan en que esto muy probablemente se refiera a algún tipo de violación ritual[23] o prostitución en el templo. Pero es muy improbable, contextualmente, asumir que *arsenokoiten* se refiere a una relación sexual comprometida entre dos compañeros del mismo sexo. Esta interpretación también es la más probable porque hay —literalmente— *docenas* de otras palabras bien conocidas en el idioma griego del primer siglo que el apóstol Pablo podría haber usado para describir relaciones sexuales entre personas del mismo sexo, pero intencionalmente escogió no hacerlo. He aquí una breve descripción de algunas de las alternativas que tenía:

- *arrenomanes:* es decir, loco por los hombres o loco por los chicos.
- *dihetaristriai:* un sinónimo que hace referencia al sexo entre mujeres.
- *erastes:* un hombre mayor que ama a uno más joven.
- *erōmenos: un* joven que ama a un hombre más grande.
- *euryproktoi:* hombre que se viste como mujer, también una referencia vulgar a la penetración anal.
- *frictrix:* una palabra latina que se refiere a una mujer lasciva.

---

23 En los rituales sexuales sagrados de muchas religiones antiguas, se le pedía a una mujer que se ofreciera como sacrificio sexual a un dios o diosa, y se le ofrecía dinero de parte de un hombre para mantener el coito.

A veces se usa para referirse a una mujer que tuvo relaciones sexuales con otra.

• *hetairistriai:* mujer atraída por otras mujeres.

• *kinaidos:* una palabra para decir "afeminado", un hombre "cuya característica más destacada era un deseo, supuestamente *femenino,* de ser penetrado por otros hombres".

• *lakkoproktoi:* una referencia lasciva y vulgar a la penetración anal.

• *lesbiai:* un sinónimo que hace referencia a las relaciones sexuales entre mujeres.

• *paiderasste:* comportamientos sexuales entre hombres.

• *paiderastēs* o *paiderastïs:* amante de niños.

• *paidomanes:* un hombre loco por los niños.

• *paidophthoros:* palabra griega para corruptor de niños.

• *pathikos:* aquel en la pareja masculina que es penetrado.

• *tribas:* la parte activa en una pareja de mujeres, que toma el "rol masculino".[24]

Francamente, si Pablo buscara condenar de manera explícita las relaciones homosexuales en alguno de sus textos, podría y debería haber usado una palabra más común, que sus lectores entendieran de inmediato. Pero no lo hace, lo que vuelve increíblemente probable que no se esté refiriendo a la homosexualidad, como se entiende comúnmente.

El otro término que Pablo usa en 1 Corintios es *malakoi,* que es la palabra griega común que en el idioma moderno se traduce como "hombre afeminado" o "niños". Literalmente, el significado más básico de la palabra es "suave", y se usa para describir vestimentas, el viento, comida sofisticada y hombres

---

24 Gracias a mis amigos de GayChristian101.com por compilar esta lista.

que son "suaves" o "afeminados". Cuando la palabra es usada en el mundo antiguo como una condenación moral, suele ser para sugerir que alguien es perezoso, falto de coraje y, por lo tanto, que tiene una disposición femenina. En el mundo grecorromano antiguo en particular, las mujeres eran vistas como menos que los hombres porque eran, literalmente, suaves y penetrables. Los hombres eran superiores, porque dominaban; sus cuerpos tendían a ser naturalmente más fuertes, y eran ellos quienes penetraban, tanto con sus penes en los encuentros sexuales, como en los campos cuando cazaban y en las batallas cuando estaban en guerra.

Por lo tanto, se vuelve fácil entender porque la cultura grecorromana habría pensado que cualquier hombre que se permitiera ser penetrado sexualmente por otro estaba renunciando voluntariamente a su codiciada masculinidad, convirtiéndose en *malakos* y volviéndose como una mujer, lo que habría sido motivo para que fuera marginado y despreciado en esa cultura híperpatriarcal. De todos modos, no es el contexto en el que más se utiliza *malakos*. Otra palabra común, *kinaedos*, era el término griego típico para referirse literalmente a un hombre pasivo en una relación sexual.

Cuando *malakos* describía a un hombre, quería hacer hincapié en su naturaleza como "débil" o "femenino". Si un hombre estaba siendo penetrado sexualmente por otro hombre (si era un *kinaedos*), entonces también podría haber sido visto como un *malakos*. Pero ser un *malakos* no queria decir, necesariamente, que el hombre hubiera sido penetrado por otro. Una vez más, el uso más común de la palabra *malakos* en la Grecia del primer siglo era para avergonzar a los hombres por ser débiles, afeminados o cobardes. De este modo, también se podría haber utilizado para hombres homosexuales como heterosexuales. No hay ningún tipo de debate entre los académicos de reputación sobre que *malakos* significaba "afeminado" o "niño/joven" en la cultura patriarcal grecorromana, ni en que no se refería de forma explícita a las relaciones consentidas entre personas del mismo sexo, sino a los sacerdotes del templo, a los jovencitos forzados a encuentros sexuales pederastas y a hombres afeminados.

Pablo, un hombre de su época

Aunque creo que nuestra lectura heterosexista moderna de estos textos está mal y nos lleva a conclusiones desleales, no tengo ningún problema en admitir el hecho de que Pablo, un maestro judío del primer siglo, probablemente hubiera sido homofóbico y que habría condenado las relaciones entre personas del mismo sexo, incluso las modernas. Esto es porque él, como toda otra figura histórica, era un hombre de su tiempo, y su cultura y religión estaban profundamente enraizadas en el patriarcado, lo cual, según hemos visto, lo guio —junto con la mayoría de las personas de su cultura— a tener en poco todo lo femenino.

También vale la pena reiterar que Pablo, y gran parte de la iglesia primitiva, adoptó una visión radical del sexo que casi ningún cristiano acepta hoy —creían que todas las pasiones sexuales fuera de las procreadoras, incluidas las heterosexuales, homosexuales o de otro tipo, eran defectuosas y potencialmente peligrosas para la vida del cristiano.

Pablo deja en claro que el celibato y la abstinencia son el camino preferido para los cristianos de sus días. Uno de los impulsores principales de su comprensión de la sexualidad era el hecho de que él y los cristianos primitivos creían que Jesús iba a volver a la tierra antes de que murieran, por lo que debían dedicarse con toda su pasión y atención a prepararse —a sí mismos y al mundo— para el reino de Cristo. Cuando Pablo habla del matrimonio en 1 Corintios 7:9, hace eco de esta idea al escribir: "Pero si no tienen don de continencia, cásense, pues mejor es casarse que estarse quemando".

Se pueden sentir la reticencia de Pablo hacia el matrimonio y su mirada crítica hacia aquellos que no pueden controlar sus pasiones sexuales, porque, en la ética sexual de la cultura grecorromana, estar inflamado por la pasión sexual era ser débil. Hay parte de eso que es verdad incluso en la actualidad —si no podemos controlar y reinar sobre nuestras pasiones, sexuales o las que sean, se pueden volver destructivas para nuestra salud y bienestar. Pero en la escritura de Pablo, el matrimonio era visto como la mejor y la única forma de que los individuos que no podían vencer completamente su pasión sexual y dedicar su energía a construir el reino de Dios, expresaran esas pasiones fogosas de una manera no pecaminosa. De nuevo, estar en una relación matrimonial en vez de reinar sobre tus pasiones sexuales era el camino menos ideal para la mayoría de los cristianos. San Jerónimo, uno de los primeros teólogos cristianos, promovía que todos los seguidores de Cristo permanecieran vírgenes y se dedicaran a Él. De hecho, su visión de virginidad y pureza sexual era tan estricta que enseñaba que el solo hecho de tener pensamientos sexuales podría hacerte "perder" la pureza de tu virginidad. En una carta a un joven virgen, escribe:

> La virginidad se puede perder con un pensamiento. Tales son vírgenes malvados, vírgenes en la carne, no en el espíritu.[25]

Si el sexo fuera a ser usado, sería con propósitos procreativos. Una vez que se producía la descendencia, el comportamiento sexual estaba destinado a detenerse para mantener pura la relación matrimonial. La filosofía de la iglesia temprana hasta Agustín estuvo fuertemente influenciada por la enseñanza del renombrado filósofo Platón de que el deseo sexual indómito era un signo de debilidad y, en última instancia, de rebelión hacia Dios. En general, el sexo heterosexual y el matrimonio en su conjunto no eran considerados como algo deseable en gran parte del mundo antiguo, como sí en los periodos posteriores de la historia. Lo mismo aplicaría a las relaciones entre personas del mismo sexo.

EL ORDEN DE LA CREACIÓN

La última cita que suelen utilizar los tradicionalistas en sus argumentos contra la inclusión LGBT+ viene del pasaje de la creación en Génesis. Sostienen que Génesis, cuando se mira como una historia literal, describe la manera en que Dios ordenó la creación: situando lo masculino y lo femenino en una relación complementaria y pactada entre sí. En esta relación fundamental se basa el matrimonio; por lo tanto,

---

25 Jerónimo, Carta XXII. 5.

cualquier desviación de este pacto entre sexos opuestos es una distorsión del diseño de Dios en la creación. Los tradicionalistas suelen citar la respuesta de Jesús a la pregunta sobre el matrimonio en Marcos 10:7-8, donde hace alusión al pasaje de Génesis, diciendo: "Por esto dejará el hombre a su padre y a su madre, y se unirá a su mujer, y los dos serán una sola carne; así que no son ya más dos, sino uno".

La afirmación de Jesús sobre esta relación entre hombres y mujeres se ve como su propia reafirmación de la idea de que el matrimonio es solo para la relación heterosexual y, por lo tanto, una condena hacia el matrimonio y las relaciones entre personas del mismo sexo. Si bien este argumento se ha vuelto el más prominente en los círculos tradicionalistas, nunca lo encontré muy convincente por un número de razones claves.

Primero, esta interpretación requiere que observemos la historia de la Creación en Génesis 2 como un relato literal de cómo Dios creó a la humanidad y, por lo tanto, un registro perdurable del comienzo del pacto matrimonial. La mayoría de los eruditos bíblicos modernos (incluyendo a los evangélicos) estarían de acuerdo en que Génesis 2 *no* ofrece un relato histórico (en ningún sentido que podamos reconocer como tal) y que, claramente, es una narrativa de creación cultural que refleja muchas otras narrativas similares del mundo antiguo. Génesis 2 podría considerarse mejor como un mito (recordando que "mito" puede implicar verdad y revelación divina tal y como lo puede hacer un texto histórico). Leer Génesis de manera literal es malinterpretar su forma literaria como mito religioso e intentar que el mito haga lo que nunca tuvo la intención de hacer. Convertir a Adán y Eva en figuras históricas literales, cuya relación, *literalmente,* es la base del matrimonio es una posición histórica, científica y teológica indefendible.

El relato creacional de Génesis 2 se entiende mejor como metáfora de la creación del mundo y de las relaciones humanas. Empieza con un Dios que crea al humano (sin algún tipo de género, necesariamente) a su imagen. Luego, se da cuenta de que no es bueno que el ser humano esté solo —es decir, sin alguien como él. Claro, el humano no está verdaderamente solo: está rodeado por Dios y los animales. Pero luego de que Adán pasara algún tiempo bautizando animales, y aparentemente revisando cada uno para ver si encajarían en una relación con él, las Escrituras dicen: "Mas para Adán no se halló ayuda idónea para él".[26] Dios vio que los animales no eran suficiente para el humano, que necesitaba a otro humano para relacionarse, por lo cual Dios crea a un segundo humano a partir del primero y la nombra "Eva". Al final del segundo capítulo de Génesis, vemos una diferenciación de la identidad de género de Adán y Eva como hombre y mujer, y entran en una relación de pacto para apoyarse y procrear a través de lo que luego se llamaría "matrimonio". Lo que es importante notar aquí es que la identidad de género no parece ser central en esta ecuación relacional —lo que hace a Eva apta para Adán es que ella es "hueso de [sus] huesos y carne de [su] carne",[27] es humana tal y como él. Son las *similitudes* entre Adán y Eva lo que hacen adecuada esta relación y la incongruencia entre Adán y el

---

26 Génesis 2:20b.

27 Génesis 2:23.

resto de los animales lo que hizo que esas relaciones fueran inadecuadas. Es la *humanidad* de Eva la que importa, y no su identidad de género.

Cuando Jesús se refiere a esta narrativa de creación en el evento en que le preguntan sobre el divorcio (Marcos 10:2-12), no está subrayando la diferenciación masculina y femenina, sino más bien reenfatizando el carácter sacro del compromiso del pacto en las relaciones humanas. Al citar el Génesis, está señalizando a los fariseos que el pacto del matrimonio tiene su cimiento en el mismísimo orden de la creación, antes de las leyes de Moisés, que es en lo que los fariseos confían para tratar de confundir a Jesús con su pregunta sobre el divorcio. Jesús luego cita Génesis 2:24 para reforzar su posicionamiento de que, desde el principio, el orden fundamental de las relaciones humanas fue el compromiso pactado.[28] Hacer de la enseñanza de Jesús una cuestión de diferenciación sexual pasa por alto todo el contexto de su pregunta y malinterpreta la narrativa de Génesis —tampoco era una cuestión del género o sexo de las personas involucradas, más bien, se trataba de si el pacto que esta hipotética pareja había firmado podía o debía romperse. La respuesta de Jesús es simple: no, excepto en casos de infidelidad entre pareja.

La clave en el ordenamiento de las relaciones, tanto en Génesis como en la recitación de Jesús de aquellas escrituras en el evangelio de Marcos, es el compromiso pactado entre humanos. Cualquier relación centrada en un compromiso consensuado con el amor sacrificial por el bien del otro

---

28 Keen, "Scripture, Ethics, and the Possibility of Same-Sex Relationships" [Escritura, ética, y la posibilidad de las relaciones entre personas del mismo sexo], 32.

es una relación santa, y cualquier intento de romper ese compromiso es visto como inferior al deseo de Dios para la humanidad. La relación pactada es la fundación de la sociedad humana —en la cosmovisión judeocristiana— y se remonta al comienzo de la humanidad en la tierra, lo que nos ha traído hasta la actualidad. Las relaciones pactadas son vitales para el florecimiento humano, ya sea entre personas del mismo sexo o del opuesto.

CONCLUSIÓN

Como podemos ver claramente, los seis versículos denominados "garrote" en las Escrituras, que hacen referencia a comportamientos sexuales entre personas del mismo sexo no tienen nada que ver con las relaciones entre personas del mismo sexo u orientaciones sexuales queer, sino que a menudo son prohibiciones de un comportamiento explotador dentro de las culturas no judeocristianas. Al mismo tiempo, como dije al principio de este capítulo, no creo que podamos concluir firmemente que los autores de este texto bíblico apoyaran las relaciones LGBT+ si fueran traídos a nuestra cultura moderna. Por su cosmovisión híperpatriarcal, que exploraremos en más profundidad, lo más probable sería que condenaran tales relaciones como "contra la naturaleza", tal como muchos cristianos no afirmantes de la actualidad. De todos modos, pronto veremos por qué adoptar estos lentes patriarcales es contrario al impulso y trayectoria ética total de la Escritura.

3
LA TRAYECTORIA REDENTORA.
PONIÉNDOLE ATENCIÓN AL LLAMADO DEL ESPÍRITU
A LA INCLUSIÓN

A menudo, las creencias fundacionales de la fe cristiana se resumen en lo que los escritores del Nuevo Testamento llaman "el evangelio". Esta palabra, "evangelio", viene del griego *euangelion*, que literalmente quiere decir "buenas noticias". Aparece docenas de veces a lo largo del Nuevo Testamento, y se usa para referirse al mensaje que Jesús mismo vino a proclamar y encarnar, y contiene las claves para la salvación de la humanidad. Para comenzar a pensar acerca de la metanarrativa de la teología cristiana, no hay un lugar más fundamental que este. A lo largo de los textos bíblicos y de la teología cristiana de todas las épocas hay muchas posturas sobre cuál es exactamente el mensaje del Evangelio. Para nuestros propósitos, basaré mi comprensión en la determinación de que el escritor del evangelio de Marcos contiene el discurso más fiel de Jesús, porque muchos eruditos bíblicos están de acuerdo en que Marcos contiene algunas de las citas más confiables de Jesús, basadas en textos fuentes anteriores.[1] En el capítulo 1, el autor de Marcos dice:

Jesús fue a Galilea a anunciar las buenas noticias de parte

---

1 Para obtener más información sobre la teoría de la prioridad marcana, ver Goodacre, *The Synoptic Problem* [El problema sinóptico], 20–23.

de Dios. Decía: "Ya se cumplió el plazo señalado, y el reino de Dios está cerca. Vuélvanse a Dios y acepten con fe sus buenas noticias".[2]

Según este pasaje, las "buenas noticias" que Jesús predicaba eran bastante simples y concisas: el reino de Dios se había aproximado y nos hacía una invitación a cambiar nuestros corazones y vidas para confiar en la realidad emergente de ese reino. A lo largo del resto de las enseñanzas de Jesús retratadas en los evangelios sinópticos, él repite este mensaje sobre la llegada del reino de Dios una y otra vez. El evangelio, según Jesús, tiene que ver con esta nueva realidad que él llama "el reino de Dios" y, por lo tanto, este debe ser el cimiento de toda la teología y práctica cristiana.

EL REINO DE DIOS EN CONSTANTE EXPANSIÓN

Entonces, ¿qué es el reino de Dios, y qué impacto podría tener en nuestro entendimiento de las minorías sexuales y de género en la vida de la iglesia? Para contestar esta pregunta, nos volvemos a las palabras del apóstol Pablo en la epístola a los Romanos, donde escribe: "Porque el reino de Dios es [...] justicia, y paz, y gozo en el Espíritu Santo".[3] En esta declaración, Pablo, que escribe a la iglesia de Roma en medio del gran conflicto sobre cómo observar las leyes y costumbres judías, sugiere que el reino de Dios no es una realidad inalcanzable y sobrenatural, sino más bien un movimiento guiado por el Espíritu de justicia, paz y gozo, realidades que se deberían

---

2 Marcos 1:14–15, DHH.

3 Romanos 14:17.

experimentar en la vida de la iglesia y en el mundo aquí y ahora.

El teólogo Jürgen Moltmann se apoya en la definición de Pablo para sugerir que el reino de Dios es una realidad tangible y presente, traída y demostrada en la persona de Jesús mismo, así como también una realidad espiritual, descrita como una unión cada vez más profunda con Dios. Moltmann escribe:

> El Reino de Dios significa que Dios está cerca, presente y permite a sus criaturas participar en sus atributos, en su gloria y belleza, y su vivacidad y divinidad, porque al mismo tiempo Dios participa en los atributos de las criaturas de Dios, en su finitud, en su vulnerabilidad, y en su moralidad (1 Juan 4:6)... La iglesia no está allí por sí misma, sino por la "preocupación de Jesús". Todo interés inherente por la iglesia en sí misma [...] debe ser subordinado al interés del reino de Dios... La misión divina de la iglesia consiste [en] llevar a los oprimidos su libertad, a los humillados su dignidad humana, y a los que no tienen derechos, sus derechos... [Debemos] participar en el Reino de Dios y hacer visible hoy algo del renacimiento de todas las cosas que Cristo completará en su día.[4]

Moltmann, en un eco de las palabras tanto de Pablo como de Jesús, amplía nuestro entendimiento y nos dice que el reino de Dios debe ser reconocido como una realidad de unificación, presente y creciente, con Dios, que resulte en una expansión de justicia, paz y equidad para todas sus creaturas. Según Jesús, en sus muchas parábolas sobre el reino, este es

---

4 Moltmann, "Jesus and the Kingdom of God" [Jesús y el reino de Dios], 15–16.

tanto una realidad presente como una que continúa creciendo y progresando. Cuando Jesús habla del reino, lo compara con la levadura en la masa[5] y con una semilla plantada en el campo.[6] El imaginario usado aquí es de crecimiento y expansión gradual, se requiere esfuerzo humano para amasar la masa y cultivar las semillas que se plantan. Otra forma de entender esto es decir que Jesús, en su vida, plantó las semillas del reino. Él demostró en sus propias acciones cómo es vivir en sintonía con el reino de Dios, o el mundo que Dios desea. Luego, dejó que sus discípulos cultivaran las semillas para que el reino de Dios creciera y se expandiera por toda la tierra como realidad de justicia y equidad para todas las personas a lo largo del tiempo.

Ser discípulo de Jesús es ser alguien que "cambia su corazón y vida, y confía"[7] en el camino que Jesús mostró. Según las enseñanzas de los evangelios, eso es lo que traerá la máxima plenitud al mundo. Pero, como vemos claramente a lo largo de toda la vida de Jesús, su camino no es fácil ni conveniente. Requiere humildad, sacrificio y abnegación. No debería sorprendernos, entonces, que una mayor parte de lo que se vende como "cristianismo" en nuestro mundo tenga poco que ver con este mensaje de liberación e igualdad para todas las personas, y más con algo que ha sido abstraído de elucubraciones teológicas y entendido como una salvación sobrenatural en el más allá, con poca influencia en el mundo en el que vivimos aquí y ahora.

---

5 Mateo 13:33.

6 Mateo 13:31–32.

7 Marcos 1:15

UN REINO PARA LOS OPRIMIDOS

Si el mensaje en el corazón del cristianismo es sobre una realidad que está en continua expansión de justicia y equidad para aquellos más marginados y oprimidos en las sociedades, entonces ese debe ser el punto de partida para cualquier conversación que tome parte en la inclusión dentro de la iglesia. Como el teólogo de la liberación negra, James Cone, nota:

> Cualquier visión del evangelio que falle en entender a la iglesia como la comunidad cuyo trabajo y consciencia están definidos por la comunidad de los oprimidos no es cristiana y, por lo tanto, es herética.[8]

En la comprensión de Cone, a menos que el mensaje que se predica y encarna por las comunidades cristianas refleje completamente la vida y las enseñanzas de Jesús en su opción preferencial por los pobres, marginados y oprimidos de la sociedad, no puede ser aceptado como un verdadero cristianismo.

Esta comprensión del evangelio tiene sus raíces en las enseñanzas de Jesús mismo y ha sido una comprensión común a lo largo de la historia cristiana. Desde los primeros escritos patrísticos[9] hasta los movimientos abolicionistas del 1700, pasando por los movimientos liberacionistas de comienzos del siglo XX[10] y los movimientos feministas

---

8 Cone, *God of the Oppressed* [Dios de los oprimidos], 37.

9 J. Cameron Carter se basa ampliamente en las fuentes cristianas primitivas para la liberación en su libro pionero *Race: A Theological Account* [Raza: Un relato teológico].

10 Ver la obra de Gustavo Gutiérrez, Jon Sobrino y James Cone.

de mediados de 1900[11], la idea de que el mensaje de Jesús estaba dirigido a los grupos más oprimidos de la sociedad ha apuntalado las enseñanzas cristianas durante dos mil años. Cualquier comprensión del cristianismo que carezca de este apuntalamiento liberacionista, entonces, falla en interpretar el evangelio a través de los lentes de Jesús y los escritos de los evangelios, los cuales proyectan toda la misión y el ministerio de Cristo bajo una luz de liberación.

LEYENDO LA BIBLIA COMO JESÚS

Un tema importante que se repite en los evangelios sinópticos es que Jesús se encuentra continuamente luchando con los líderes religiosos de su época por su aparente desprecio por el dogma religioso derivado de la Biblia hebrea. Más de una docena de veces a lo largo de los relatos escritos[12] encontramos que los fariseos y saduceos confrontan a Jesús por su descarado desprecio por la ley bíblica o la costumbre religiosa. Él, sin embargo, parece deleitarse mucho en frustrar a estos líderes religiosos, al ofrecer nuevas interpretaciones sobre las leyes de antaño. Por ejemplo, el evangelio de Mateo registra una larga serie de enseñanzas en las que Jesús cita directamente de la Biblia hebrea y, por lo tanto, contradice directamente el mandamiento y eleva la vara del estándar ético. Comienza su enseñanza diciendo: "No penséis que he venido para abrogar la ley o los profetas; no he venido

---

11 Ver la obra de Marie Maugeret, Elisabeth Schüssler Fiorenza, Cathrine Keller.

12 Para una muestra de estos confrontamientos, ver Mateo 15:1; 16:1–6; 23:1–4; Lucas 11:37; 14:3.

para abrogar, sino para cumplir".[13] La palabra *plērōsai*, que se traduce como "cumplir" en muchas versiones de este versículo, también puede ser traducida como "completar". Creo que esta traducción nos ayuda a entender lo que Jesús intenta comunicar en su enseñanza.

La revelación progresiva es la creencia de que Dios revela más y más verdad con el tiempo, conforme la humanidad es capaz de recibir y adoptar "la plenitud de la verdad". En la tradición cristiana, se entiende a Jesús como la encarnación de la plenitud de la verdad, el ejemplo de cómo se vive una vida de acuerdo con la voluntad de Dios. Como dice el escritor de la epístola de Hebreos, "Dios, habiendo hablado muchas veces y de muchas maneras en otro tiempo a los padres por los profetas, en estos postreros días nos ha hablado por el Hijo".[14] Jesús es visto como la suprema revelación de Dios en la tierra, "por cuanto agradó al Padre que en él habitase toda plenitud".[15] Se considera, entonces, que sus palabras son la consumación y la encarnación más auténtica de muchos de los mandamientos de la Biblia hebrea, que solo se revelaron de forma parcial o incompleta.

En Mateo 5, somos testigos de cómo Jesús se basa en leyes de la Biblia hebrea y las lleva a un estándar ético más completo y holístico. Por ejemplo, dice:

> Oísteis que fue dicho: Ojo por ojo, y diente por diente. Pero
> yo os digo: No resistáis al que es malo; antes, a cualquiera

---

13 Mateo 5:17
14 Hebreos 1:1–2.
15 Colosenses 1:19.

que te hiera en la mejilla derecha, vuélvele también la otra.[16]

Jesús cita directamente Éxodo 21:24 y luego enmienda significativamente el mandamiento, elevando así el estándar ético. Ahora, a sus discípulos se les prohíbe tomar represalias y se les manda a abrazar una resistencia no violenta como norma. La ética ha sido alterada, el estándar ha sido elevado. Jesús hace que la vieja ley resulte inadecuada a la luz de su nueva ley, enraizada en el amor incondicional. Y lo hace unas seis veces en el transcurso de Mateo 5, tomando mandamientos bíblicos y modificándolos para volverlos más éticos y justos.

Jesús no solo expande consistentemente la enseñanza de la Escritura para que se alinee con un estándar ético más alto, sino que reinterpreta consistentemente los antiguos mandamientos de una manera más inclusiva. Por ejemplo, cuando le preguntan cuál es el mandamiento más importante (Marcos 12), contesta:

> El primer mandamiento de todos es: Oye, Israel; el Señor nuestro Dios, el Señor uno es. Y amarás al Señor tu Dios con todo tu corazón, y con toda tu alma, y con toda tu mente y con todas tus fuerzas. Este es el principal mandamiento. Y el segundo es semejante: Amarás a tu prójimo como a ti mismo. No hay otro mandamiento mayor que estos.[17]

En la conciencia judía de la época, la respuesta correcta a la pregunta era la primera que Jesús dio, conocida como

---

16 Mateo 5:38–39.
17 Marcos 12:29–34.

la *Shema*, el refrán tradicional de Deuteronomio, corazón de la religión judía: solo hay un Dios, y solo Dios es digno de nuestra adoración. Pero a este mandamiento, el más importante y santo, Jesús le agrega "ama a tu prójimo como a ti mismo", que, virtualmente, ningún Rabino del primer siglo hubiera situado ni siquiera cerca de un lugar de importancia central de su credo. De hecho, el único lugar donde aparece la frase "ama a tu prójimo como a ti mismo" en la Biblia hebrea es en un pasaje oscuro de Levítico 19:17-18, donde figura entre una serie de mandatos para que el pueblo hebreo se ame y se proteja *a sí mismo* y *a sus familias*. Jesús remueve este mandamiento oscuro de su contexto original y expande su significado. Dice que significa amar a *todo ser humano* como a sí mismos, incluso a los *enemigos;* un mandamiento muy diferente del contexto original, que defendía que la persona hebrea fiel debía amar a sus compañeros judíos como a sí mismos.[18] En esta enseñanza, Jesús relaciona fundamentalmente el *amar a sus vecinos* con *amar a Dios*, e ilustra esta ética inclusiva a través de cada historia contada a sus discípulos, y en la comunión de la mesa inclusiva que construye a lo largo de su ministerio. Como nota el teólogo palestino, "Jesús rompió para siempre cualquier significado e interpretación estrechos y exclusivos del amor al prójimo".[19]

Es claro que Jesús no tiene problemas en enmendar la Escritura para que sea más ética e inclusiva, y por lo tanto no

---

18 Brownfeld, "It Is Time to Confront the Exclusionary Ethnocentrism in Jewish Sacred Literature" ["Es tiempo de confrontar el etnocentrismo excluyente de la literatura sagrada judía"], 10.

19 Ateek, *A Palestinian Theology of Liberation* [Una teología palestina de la liberación],

se puede argumentar que estuviera situado en un paradigma siquiera similar al de la inerrancia bíblica moderna. Para Jesús, la Biblia era un texto viviente, siempre en evolución y siempre acercándose a la "plenitud". Algo que tiene sentido cuando nos percatamos de que la *mayoría* de los rabinos de antaño veían las Escrituras como textos para ser reinterpretados, revisados y reconfigurados en función a la era y el contexto en el que se encontraban. Esta tradición era conocida como midrash, descrita por el Dr. David Stern, académico de literatura, de la siguiente forma:

> [El midrash es] un nombre específico para la actividad de la interpretación bíblica tal como la practicaban los rabinos de la tierra de Israel en los primeros cinco siglos de la era común… Al final del período bíblico, el lugar para ello [la búsqueda de la voluntad de Dios] parece haberse asentado en el texto de la Torá, donde, según se creía, se encontraba la voluntad divina para el momento presente.[20]

En otras palabras, el midrash era un método rabínico tradicional que se apoyaba en el texto escrito de la Torá para encontrar sabiduría y guía para el momento presente. Esto resultaba en textos sacados de su contexto original (un acto considerado *el pecado* hermenéutico capital entre los teólogos evangélicos) y su aplicación a situaciones que el autor original podría nunca haber considerado. En la tradición rabínica, había dos formas de interpretación midrásica: el midrash halajá, que era una forma de interpretación que se

---

87.

20 Berlin y Stern, *Jewish Study Bible* [Biblia de estudio judía], 1864.

centraba en explicar y aplicar los mandamientos legales de la Torá a la vida actual; y el midrash hagadá, que trataba de reinterpretar historias y enseñanzas de las Escrituras de forma más accesibles para aplicar al contexto presente.[21] De esta segunda forma de midrash emergieron muchas de las parábolas e historias judías no bíblicas que sostenían un peso similar al de la Escritura, destinadas a reempaquetar y reencarnar la enseñanza principal, de modo que la persona promedio pudiera entenderla.

El Talmud, un texto considerado sagrado por la religión judía por su claridad y documentación de las enseñanzas y tradiciones orales que rodean a la interpretación de la Biblia, surge de la práctica hermenéutica del midrash. Es el texto clave en el que confían los intérpretes judíos de las Escrituras para que les ayude a comprender la aplicación de las enseñanzas bíblicas en un contexto moderno. El midrash se hizo cada vez más importante en los tiempos posteriores a la destrucción del segundo templo, en el año 70 e. c., cuando los rabinos necesitaron reinterpretar la fe judía para un mundo que no dependía del templo. Los líderes judíos creían que Dios les había dado la Torá como un libro eternamente duradero con interminables interpretaciones para cada época. El prominente académico del judaísmo, Dr. Barry Holtz, explica:

> La Torá, para los rabinos, era un libro eternamente relevante porque fue escrito (dictado, inspirado; no importa) por un Autor perfecto, un Autor que pretendía que fuera eterno...

21Silberman and Dimitrovsky, "Talmud and Midrash".

Los rabinos no podían evitar creer que este texto prodigioso y sagrado, la Torá, estaba destinada para todos los judíos y para todas las épocas. Seguramente, Dios pudo prever la necesidad de nuevas interpretaciones; todas ellas, por lo tanto, ya están en el texto de la Torá. Y así, damos con la idea mencionada previamente: en el monte Sinaí, Dios no solo dio la Torá escrita que conocemos, sino también la oral, las interpretaciones de los judíos en el tiempo.[22]

Esta aproximación a la Escritura ha hecho del judaísmo una fe resistente y adaptable, que se amolda al mundo cambiante que la rodea y re-aplica la sabiduría del pasado al nuevo conocimiento de la era presente. Esta es la tradición en la que Jesús nació y en la que se fundó la iglesia. La escritura, en este contexto, no es vista como un texto estático con un solo significado para todos los tiempos, sino como un texto en constante cambio y evolución que habla nueva sabiduría para nuevos tiempos. El abordaje midrásico ve a la Escritura como un canal a través del cual el Espíritu de Dios puede iluminar con sabiduría antigua una circunstancia nueva que resulte en interpretaciones e ideas frescas del texto bíblico. Como podemos ver, a lo largo de la historia, la escritura bíblica siempre han sido "viva y eficaz"[23] y no estática e inmutable. Así es como Jesús observaba a los textos y llevaba muchas de las interpretaciones éticas existentes en la ley de la Biblia hebrea a su plenitud a través de la consideración de quienes estaban en los márgenes. Para muchos, esto parecía una transgresión

---

22 Holtz, "Back to the Sources: Reading the Classic Jewish Texts" [Volver a las fuentes: Leyendo los textos judíos clásicos], 185.

23 Hebreos 4:12.

de la ley, y de hecho, lo era. Pero, al transgredir una versión de ley, Jesús revelaba un estándar más alto para sus discípulos. La académica bíblica Cheryl Anderson observa que: "Jesús violaba los estándares [tradicionales] para reincorporar a aquellos que habían sido excluidos... El compañerismo de la mesa inclusiva de Jesús contrasta de manera evidente con el compañerismo de la mesa excluyente de los fariseos".[24]

Jesús, como judío fiel, se sentía en libertad de reinterpretar y expandir los textos bíblicos con el fin de esforzarse hacia la inclusión y la igualdad. Sin embargo, los fundamentalistas de su época, como los de la nuestra, estaban incómodos con la libertad que Jesús expresó en su compromiso con los textos bíblicos, y por eso lo condenaron una y otra vez por infiel. Cada vez que una tradición religiosa es reinterpretada para hacerla más inclusiva, el equilibrio de poder siempre se rompe, lo que hace que los más poderosos se aferren aún más a su manera de ver la tradición y se opongan con más crueldad a quienes amenazan su poder con interpretaciones más justas y generosas del texto.

LA CONTINUA REVELACIÓN DEL ESPÍRITU SANTO

Y hay más: Jesús deja en claro que el trabajo revelador de Dios no cesará con él. De hecho, les dice a sus discípulos que el Espíritu Santo continuaría ese trabajo indefinidamente: "Aún tengo muchas cosas que deciros, pero ahora no las podéis sobrellevar. Pero cuando venga el Espíritu de verdad, él os

---

24 Anderson, *Ancient Laws and Contemporary Controversies* [Leyes antiguas y controversias contemporáneas], 92

guiará a toda la verdad".[25] En otras palabras, cuando Jesús ve su muerte más cerca, les dice a los discípulos que hay mucho más que desea que sepan, pero que no cree que, por el momento, sean capaces de soportarlo. La mayoría de las tradiciones cristianas sostienen la doctrina de la revelación progresiva como cierta —católicos romanos, ortodoxos, pentecostales—, sin embargo, los de las tradiciones reformadas han tendido a rechazar esta noción a favor de sostener una interpretación de la Escritura autoritaria y por encima de todas las demás, en marcado contraste con la tradición mayoritaria cristiana y judía. Jesús demostró una creencia fundacional: que Dios ha revelado (y revelará) la verdad progresivamente, en el tiempo, conforme la humanidad sea capaz de "soportarla" o comprenderla. Como escribe el Dr. Vern Poythress, teólogo evangélico, al describir la revelación progresiva: "Dios no dijo todo de una sola vez. Los primeros comunicados tomaron en cuenta las limitaciones en el entendimiento de las personas de épocas anteriores. Las comunicaciones posteriores se construyeron sobre las primeras".[26]

Dios todavía habla. Si bien el canon bíblico está cerrado por cuestiones de tradición, la obra reveladora de Dios continúa desarrollándose a lo largo de la historia humana, llevando a la sociedad hacia ideales éticos de inclusión, igualdad y plenitud más elevados. Esta realidad ha sido y es experimentada actualmente por los seguidores de Cristo a lo largo de las épocas y está completamente alineada con

---

25 Juan 16:12–13.

26 Lillback, Poythress, Duguid, Beale y Gaffin, *Seeing Christ in All of Scripture* [Viendo a Cristo en toda la Escritura], 10.

las enseñanzas y expectativas de Jesús. Si hemos de ser fieles a Dios en nuestra época presente, debemos prestar más atención a los codazos o empujoncitos del Espíritu, que gentilmente nos está llamando a dar un paso más allá de nuestras creencias y tradiciones, para ensanchar las puertas del reino de Dios.

EL EVANGELIO RADICALMENTE INCLUSIVO DE PABLO

Uno de los debates más feroces entre los primeros seguidores de Cristo era si los gentiles debían o no ser incluidos en la incipiente comunidad cristiana. Dado que Jesús era judío y ministró principalmente a personas judías (aunque hubo algunas excepciones notables), los primeros discípulos aparentemente se inclinaron hacia una comprensión de que el evangelio que Jesús proclamaba estaba principalmente dirigido a una audiencia judía, con la concomitante exclusión a los gentiles. Después de la ascensión, los apóstoles empezaron a formar nuevas comunidades que se encontraban regularmente para adorar, orar y vivir en comunión radical unos con otros en el camino de Jesús. Eventualmente, el ejemplo de estos creyentes atrajo la atención de un fariseo llamado Saulo, que estaba indignado por la falta de respeto de estas nuevas comunidades mesiánicas a las leyes y tradiciones de la fe judía y dedicó mucho tiempo y energía a perseguir, e incluso matar, cristianos.

Luego de una experiencia de conversión milagrosa, Saulo —también conocido como Pablo— tomó su lugar entre los líderes del nuevo movimiento cristiano y adoptó el título y rol de apóstol. Muy rápidamente, entró en conflicto con el líder genuino de la iglesia, el apóstol Pedro, sobre sus posturas sobre si obedecer las leyes rituales del judaísmo era necesario para los cristianos y sobre si las personas no judías podían convertirse en parte de la iglesia. Pablo comenzó a predicar que, en Cristo, la ley judía había encontrado su cumplimiento, y por lo tanto los cristianos gentiles estaban libres de las obligaciones de la ley. Junto con su nueva libertad, estaba la invitación a todo el pueblo —judíos y gentiles por igual— para responder a la historia de Jesús y hacerse participantes activos de la comunidad de fe. Pablo urge al concilio de los apóstoles a que le permitan ir al mundo y decirles a los gentiles sobre Jesús y establecer iglesias cristianas a lo largo del mundo pagano. Al principio, este impulso fue recibido con gran escepticismo, pero finalmente los apóstoles bendijeron a Pablo y lo enviaron a difundir el mensaje de Jesús por todas partes.

En el libro de Romanos, Pablo comienza escribiéndole a la comunidad cristiana gentil (en su mayoría) emergente del centro de Roma, la capital del Imperio. Su intención era clarificar la naturaleza del evangelio, la historia de Jesús y la invitación a todas las personas para seguir su camino. Debemos hacer una distinción entre el evangelio que Jesús mismo proclamaba y el mensaje del evangelio proclamado por Pablo y la iglesia primitiva. El primero es lo que *Jesús mismo* proclamó sobre el inminente reino de Dios, mientras que el mensaje del evangelio de Pablo y otros se centraba en las implicaciones de la vida de Jesús para el mundo. Según Pablo, su evangelio era comunicar la historia de como Jesús había venido a revelar el reino y justicia de Dios y atraer a toda la humanidad a que participara en él.

En Romanos 16:25, Pablo dice: "Y al que puede confirmaros según mi evangelio y la predicación de Jesucristo". Noten la distinción: el evangelio de Pablo y la predicación de Jesucristo, dos mensajes separados que se apoyan entre sí y sientan las bases para la inclusión radical que ha sido revelada como el corazón del plan de Dios para la humanidad. El movimiento que dio a luz Jesús no es para una religión, una etnia o una clase. Según el ministerio de Pablo, Dios invita al mundo entero a probar la redención y la reconciliación, un cambio fundamental con respecto a la postura inicial de los primeros cristianos.

Pablo se pone en movimiento e identifica claramente qué implica exactamente "su evangelio". En Efesios 3:3-6 escribe:

> Dios mismo me reveló su misterioso plan... Dios no se lo reveló a las generaciones anteriores, pero ahora, por medio de su Espíritu, lo ha revelado a sus santos apóstoles y profetas. Y el plan de Dios consiste en lo siguiente: tanto los judíos como los gentiles que creen la Buena Noticia gozan por igual de las riquezas heredadas por los hijos de Dios. Ambos pueblos forman parte del mismo cuerpo y ambos disfrutan de la promesa de las bendiciones porque pertenecen a Cristo Jesús.

El apóstol dice que *su* evangelio ha sido guardado como un secreto, un misterio, y que a través de Cristo y a través de él, Dios ha escogido revelar su verdadero corazón, que *todas* las naciones se unirían al reino a través de la obediencia y la fe, que se volverían miembros del mismo cuerpo espiritual que el pueblo judío y que participarían en las mismas promesas que Dios había hecho a Israel. En efecto, estas son buenas noticias y un importante desarrollo en la historia cristiana. Si no fuera por esta revelación, el mensaje inclusivo del abrazo de Dios a través de Jesús nunca hubiera sido proclamado al mundo gentil y se habría limitado el alcance del impacto de Jesús en el mundo.[27]

Los ojos de Pablo fueron abiertos para ver que el largo plan de redención de Dios no se limitaba a un solo grupo de personas, sino que afectaba al mundo entero. No era una idea nueva —las escrituras hebreas hablan del deseo de Dios de redimir todas las naciones—, pero en la comunidad cristiana primitiva, parecía que la mayoría de los apóstoles excluían a los no judíos. Sin embargo, cuando Pablo tuvo un vistazo de lo que Dios estaba planeando hacer a través de Jesús, con alegría y celo compartió la historia de Cristo con todos los que quisieran escuchar, y el Espíritu de Dios se movió con poder para traer a los gentiles al redil. Este movimiento de una comprensión estrecha y exclusiva de la redención hacia una comprensión más amplia e inclusiva es un tema consistente a través del curso del canon bíblico. La expansión de la obra de Dios comienza con una persona en el jardín del Edén y termina con cada tribu, lengua y nación en el libro del Apocalipsis; la trayectoria histórica, vista a través del lente judeocristiano, siempre apunta hacia la inclusión y

---

27 Un agradecimiento especial a mi amigo, el pastor Mark DeYmaz, quien me abrió los ojos por primera vez a la distinción entre el evangelio de Pablo y la enseñanza de Jesús. Pueden leer más sobre esta distinción en su libro *Disruption*.

la expansión, y esa verdad hace que el evangelio de Jesucristo sea verdaderamente una buena noticia de gran gozo para absolutamente todas las personas.[28]

---

28 Lucas 2:10.

4
HACIA LA INCLUSIÓN.
EXPLORANDO UNA INTERPRETACIÓN INCLUSIVA

uando examinamos el modo en que Jesús y los primeros apóstoles usaban las escrituras, empezamos a ver una clara trayectoria hacia estándares éticos más altos y hacia una visión más inclusiva del reino de Dios. En 2001, el teólogo evangélico William Webb publicó un libro[1] sin precedentes en donde postula una lente hermenéutica para interpretar la Escritura a la que denomina "la hermenéutica del movimiento redentor". Esta hermenéutica traza la trayectoria redentora de la ética desde la Biblia hebrea al Nuevo Testamento, mostrando que la conciencia ética de la sociedad creció continuamente, aunque a un ritmo lento, hacia una postura más inclusiva e igualitaria para todas las personas. La hermenéutica de Webb argumenta que los cristianos y cristianas fieles son llamados a moverse más allá de las estáticas palabras de la Escritura y tomar el "espíritu" de las palabras y aplicarlas a los contextos modernos para ayudarnos a determinar la respuesta fiel a nuestras preguntas éticas. Webb escribe:

> La Escritura no presenta una "ética acabada" en cada área de las relaciones humanas […]; detenerse donde se detiene la Biblia (con sus palabras aisladas) falla, en última

---

1Webb, *Slaves, Women & Homosexuals* [Esclavos, Mujeres y Homosexuales].

instancia, en reaplicar el espíritu redentor del texto tal como se dirigió a la audiencia original. Falla en ver que es posible que la reforma continúe… Así como la Escritura tuvo una influencia positiva en sus tiempos, hoy debemos tomar ese espíritu redentor y avanzar hacia una ética aún mejor y más plenamente realizada.[2]

El argumento de Webb abre la puerta para la reforma social continua, basada en el espíritu de los textos bíblicos más que en las palabras estáticas en sí mismas. Y mientras que la "hermenéutica del movimiento redentor" de Webb rompió estructuras e innovó el mundo evangélico en 2001, está lejos de ser una idea o concepto nuevo. Más bien, ha sido demostrado claramente en el campo de la interpretación bíblica[3] y, de hecho, en los mismos textos bíblicos, durante miles de años. Como notamos previamente, los teólogos y teólogas feministas y de la liberación se han basado en las trayectorias éticas de la Escritura y en el contexto cultural del escritor como clave interpretativa para desbloquear el poder liberador del texto bíblico. La teóloga feminista Carol Lakey Hess nota:

Los textos [bíblicos] reflejan el ethos cultural prevaleciente […]; debemos usar esto para reconocer que los escritores bíblicos eran personas humanas inmersas en —aunque no limitadas a— el lenguaje, convenciones, hábitos y presuposiciones de sus días… Algunos textos reflejan tanto

---

2 Webb, *Slaves, Women & Homosexuals*, 247.

3 Argumentos teológicos similares ha sido hechos por amplio espectro de teólogos en la era moderna tales como J. R. Daniel Kirk, Megan DeFranza, DaleMartin, y I. Howard Marshall.

como desafían las presuposiciones culturales [...]; al mirar lo nuevo, más que lo que es igual, a veces podemos ver una trayectoria hacia una liberación más grande.[4]

Aquí, Hess refleja la idea hermenéutica de la trayectoria ética redentora que ha sido demostrada a lo largo de la interpretación bíblica por cientos de años. El teólogo Derek Flood hace eco de esto: "El Nuevo Testamento no es la única, eterna e inmutable ética, sino más bien los 'primeros y más importantes pasos concretos' desde la narrativa dominante, religiosa y política [...] hacia un mejor camino enraizado en la compasión".[5]

LA VISIÓN INCLUSIVA DE PEDRO

Un texto bíblico donde esta trayectoria redentora se muestra más claramente es en el libro de Hechos 10, donde el apóstol Pedro cae en un trance inducido por Dios y es llamado a predicar el evangelio a los gentiles inmundos por primera vez. En este relato, Pedro tiene una visión de una sábana o lienzo que viene del cielo, que contiene una cantidad de animales bíblicamente "inmundos". Mientras Pedro observa la escena confundido, escucha tres veces la voz de Dios que le dice "Levántate, mata y come". Pedro, siendo un estudiante de la Escritura, discute con la voz de Dios, y argumenta que no puede matar y comer a esos animales sucios porque hacerlo sería una violación de los códigos de pureza de la Escritura. Ante la última objeción, la voz de Dios le responde a Pedro:

---

4 Hess, *Caretakers of Our Common House* [Cuidado de nuestra casa común], 197–98.
5 Flood, *Disarming Scripture* [Desarmando la Escritura], 127.

"No llames impuro a lo que yo he purificado". Con eso, Pedro despierta del trance y se encuentra con que los sirvientes de Cornelio, un centurión romano, golpean a su puerta y piden que vaya a hablar con él a su casa sobre el evangelio. Inmediatamente, Pedro se da cuenta de que su visión no se trataba sobre comida impura, sino sobre las personas impuras, los gentiles. Entonces, muy a su pesar, va con los sirvientes a la casa de Cornelio para predicarles el evangelio. Cuando llega, le dice al dueño de casa: "Vosotros sabéis cuán abominable es para un varón judío juntarse o acercarse a un extranjero; pero a mí me ha mostrado Dios que a ningún hombre llame común o inmundo".[6] La Biblia dice que "mientras Pedro estaba todavía hablando, el Espíritu Santo descendió sobre todos los que escuchaban el mensaje".[7] El Espíritu descendió sobre los gentiles; un ejemplo del Espíritu de Dios haciendo algo inesperado, y quizás incluso de manera "no bíblica", a la luz de la revelación anterior.

Las acciones de Pedro (entrar a la casa de un gentil y bautizar a todo el hogar y darles la bienvenida a la iglesia sin primero instarles a obedecer las leyes de pureza de la Escritura) fueron vistas por los apóstoles y los ancianos en Jerusalén como una potencial violación grave de la ley bíblica. Si bien es importante señalar que el judaísmo del primer siglo era teológicamente diverso y que muchos adherentes no se habrían aferrado a una comprensión tan excluyente o estricta de la ley levítica, parece que, para Pedro y los apóstoles, fue su interpretación de los códigos de pureza lo que inicialmente

---

6 Hechos 10:28.

7 Hechos 10:44

les impidió compartir el evangelio de Jesús con los gentiles. Luego de escuchar del obrar de Pedro, el consejo de apóstoles lo convocó a Jerusalén para criticarlo[8] por esta aparente violación de la Escritura. Ante el consejo, él relató toda la situación, empezando por su visión del bautismo en la casa de Cornelio, y concluyó, diciendo: "Por tanto, si Dios les ha dado a ellos el mismo don que a nosotros al creer en el Señor Jesucristo, ¿quién soy yo para pretender estorbar a Dios?".[9] Cuando el consejo apostólico escuchó esto, se nos dice que "alabaron a Dios diciendo: '¡Así que también a los gentiles les ha concedido Dios el arrepentimiento para vida!'".[10] Tanto Pedro como el consejo estaban abiertos y dispuestos a cambiar las creencias y prácticas teológicas que habían sostenido por mucho tiempo para que coincidieran con la evidencia experimental del Espíritu de Dios, que trabajaba entre los gentiles. Para estos líderes, no hubo deliberación bíblica profunda, sino reconocimiento de que, si Dios deseaba salvar a los gentiles, entonces lo único que podían hacer era celebrar y participar en esto nuevo que Dios estaba haciendo en medio de ellos.

Durante décadas, esta historia de la conversión de los gentiles ha sido una piedra angular para una teología inclusiva, demostrando tanto la trayectoria redentora de la Escritura como el valor de la experiencia y comprobando los resultados. Como nota el teólogo queer Patrick Cheng, la disolución de lo puro e impuro como categorías religiosas

---

8 Hechos 11:2
9 Hechos 11:17
10 Hechos 11:18

empezó con la vida y el ministerio de Jesús, en los modos en que interactuaba e incluía a algunos de los individuos más "profanos" en la conciencia cultural de sus días,[11] y esta tendencia continúa claramente en el enfoque teológico de los primeros apóstoles. Por lo tanto, al observar la autoridad que Pedro y los apóstoles le otorgan a la obra reveladora del Espíritu Santo y al rol de la experiencia, podemos deducir que estamos en presencia de un patrón regular de crecimiento y evolución teológica que tiende hacia una mayor inclusión. Cheryl Anderson escribe:

> Algunos académicos bíblicos están avanzando hacia comprensiones de Dios e interpretaciones del texto bíblico diferentes de las tradicionales. Sin embargo, solo son diferentes porque reflejan las realidades políticas y económicas de las mujeres, los pobres y los extranjeros, y consideran el impacto que las interpretaciones tradicionales tienen en estos grupos. Y si bien los que defienden las interpretaciones cristianas tradicionales, los fariseos de hoy, vilipendian este enfoque contextual, es exactamente el tipo de enfoque que usó Jesús.[12]

En nuestra era contemporánea, parece claro que el Espíritu de Dios continúa el llamado a la humanidad hacia estándares éticos más altos, y esto es aceptado por la mayoría de los cristianos contemporáneos cuando examinan sus creencias teológicas y éticas sobre la esclavitud, el tratamiento hacia

---

11 Cheng, Radical Ove [Amor radical], 80.

12 Anderson, *Ancient Laws and Contemporary Controversies* [Leyes antiguas y controversias contemporáneas], 87.

las mujeres, la disciplina de los niños, el divorcio, el castigo corporal y una amplia gama de otras cuestiones éticas en las que la enseñanza cristiana moderna es significativamente más ética de lo que se prescribe en las Escrituras.

Webb hace todo lo posible para demostrar que si bien el Nuevo Testamento es, por ejemplo, la revelación final de las Escrituras, sus perspectivas éticas no se han llevado de ninguna manera a su realización máxima en las palabras estáticas de las Escrituras mismas.[13] Conforme exploramos cómo los abolicionistas, entre otros, observaban la trayectoria de la Escritura, se vuelve abundantemente claro que fue su comprensión del *espíritu* de los textos bíblicos —más que de la lectura plana y literal del texto— lo que dirigió su batalla teológica para terminar con la esclavitud en Inglaterra y los Estados Unidos, y eran fuente de gran crítica por parte de cristianos tradicionalistas y pro-esclavitud.[14] El mismo abordaje debe ser aplicado fielmente cuando los cristianos lidian con los "versículos garrote" que parecen condenar las relaciones sexuales entre personas del mismo sexo.

APLICANDO UNA HERMENÉUTICA REDENTORA A LA SEXUALIDAD

Se puede argumentar que a través de todo el canon bíblico hay una trayectoria que muestra como la comprensión de los roles de género y sexo por parte de los autores evolucionaron con el tiempo hacia una aproximación más igualitaria.

---

13 Webb, "The Limits of a Redemptive-Movement Hermeneutic" [Los límites de una hermenéutica del movimiento redentor], 330.

14 Noll, *The Civil War as a Theological Crisis* [La guerra civil como crisis teológica].

Mientras que en el Nuevo Testamento también hay ejemplos de regresión ética —por ejemplo, cuando observamos que los escritores de las epístolas pastorales parecen sugerir que las mujeres no deben mantener un lugar de igualdad en la iglesia—, en general, la dirección de las trayectorias éticas en la Biblia apuntan hacia una postura más liberadora e inclusiva para todas las personas. Es en estas mismas trayectorias que las claves para la inclusión total de las personas LGBT+ a la vida de la iglesia pueden ser encontradas. Como nota el teólogo J. R. Daniel Kirk:

> Por la misma razón que ya no podemos afirmar que los hombres son mejores que las mujeres, por la misma razón que no podemos sostener una visión del matrimonio en el que el hombre posee a su mujer, por la misma razón por la que nos equivocamos al excluir a las mujeres de liderar, ya que están dotadas por el Espíritu, se ha eliminado el terreno del antiguo marco que excluía la noción de relaciones sexuales entre personas del mismo sexo.[15]

Las trayectorias éticas de los textos bíblicos generalmente apuntan hacia modos más inclusivos de ver y ser en el mundo. Y como veremos en la sección final de este libro, hay mucha evidencia que sugiere que el Espíritu Santo está trabajando en las minorías sexuales y de género, y a través de ellas, para propiciar la redención y la renovación en el cristianismo contemporáneo. Son esta combinación de trayectorias y experiencias éticas bíblicas las que deberían

---

15 Kirk, "Trajectories towards Gay Inclusion?" [¿Trayectorias hacia la inclusión gay?] n.p.

guiar los cristianos contemporáneos al mismo viaje teológico de Pedro y los primeros apóstoles. Si el Espíritu de Dios se mueve entre las personas LGBT+, ¿quiénes son los cristianos y cristianas para pararse en el medio del obrar de Dios? Casi que podemos escuchar al Espíritu hablar una vez más a la iglesia de hoy y decir: "Lo que Dios ha purificado, tú no lo llames impuro".[16]

---

16 Hechos 10:15

5

NIVELAR EL TERRENO.

DECONSTRUYENDO EL PATRIARCADO

A medida que examinamos la trayectoria bíblica hacia la inclusión, podemos empezar a ver que la progresión ética primordial del arco bíblico se aleja del sistema patriarcal que dominaba el mundo antiguo y se dirige hacia un orden de la sociedad más igualitario. El ya mencionado William Webb, que desarrolló la "hermenéutica del movimiento redentor", argumenta que, de hecho, en la Escritura hay un movimiento antipatriarcal cuando se trata del estatus de la mujer, aunque hace todo lo posible para intentar demostrar por qué ese mismo movimiento no se aplica a la trayectoria liberadora de la Escritura en cuanto a las relaciones entre personas del mismo sexo.

Daniel Kirk ha escrito una profunda respuesta al libro de William Webb, argumentando que este último falla en entender con precisión el modo en que fueron construidos los antiguos códigos sociales patriarcales. Kirk define patriarcado como una "abreviatura para designar a toda una red de relaciones en la que personas que se consideran inherentemente superiores gobiernan sobre las que se cree que son inherentemente inferiores".[1]

---

1 Kirk, "Trajectories towards gay inclusion?" [¿Trayectorias hacia una inclusión gay?].

Kirk explica que en los códigos sociales hebreos antiguos y en los códigos hogareños grecorromanos, la sexualidad, los roles de género y las clases sociales estaban unidas, por lo que estos tres asuntos estaban inextricablemente acoplados en cualquier discusión sobre trayectorias éticas que les concerniera. Todos los antiguos códigos sociales y domésticos buscaban defender el orden patriarcal de la sociedad, obligando a las mujeres, a los hombres afeminados y a aquellos de las clases sociales más bajas a someterse a una estructura de poder patriarcal para defender la sociedad, y a los hombres de la cultura y clase dominante a vivir en la noción de "hombría" culturalmente definida. Se debería notar que *ninguna* de estas definiciones encuentran su origen en la Escritura o en la boca de Dios, sino que más bien emergen como resultado del modo en que muchas de las primeras sociedades humanas empezaron a ordenarse.[2] El patriarcado emerge como un ordenamiento social intencional en la era neolítica, donde los hombres asumieron el rol dominante en la relación sexual, se volvieron cazadores en las sociedades de cazadores-recolectores, y eventualmente empezaron a mirar a las mujeres, animales y tierras como aspectos de su mundo que debían ser sujetos a su propiedad.[3] Estas ideas luego fueron codificadas en muchas religiones antiguas y textos sociales conforme los hombres buscaron mantener su dominio y poder sobre el mundo.

---

2 También podríamos argumentar de manera razonable que el patriarcado es una visión más bien no evolucionada, que evita que la humanidad progrese hacia un orden social superior.

3 "The History of Patriarchy" [La historia del patriarcado].

En un orden social patriarcal, si se buscara algún nivel inferior de individuo para suplantar al hombre dominante en la cima del orden de la sociedad, entonces todo el tejido social se vería amenazado. Por ejemplo, si una mujer buscara dejar su rol de ama de casa para hacerse cazadora o líder de su tribu, el patriarcado tribal se vería amenazado y, por lo tanto, todas las estructuras de la sociedad. Siendo esto así, había un incentivo mayor para que los hombres culturalmente dominantes mantuvieran a las mujeres, esclavos o personas colonizadas, y a los hombres afeminados o de género no conforme debajo del peso de su poder para perpetuar el control y la influencia sobre la sociedad.

Una de las razones claves por las que la homosexualidad era tan despreciada en el mundo antiguo era porque amenazaba al sistema patriarcal, haciendo que el hombre cediera su lugar "legítimo" en la sociedad, y que "actuara como una mujer", lo cual era visto como una distorsión fundamental para ese tipo de orden del mundo. En una mentalidad patriarcal, sexo, género y clase social están vinculados de manera fundamental, y los hombres dominantes son vistos como el ideal de ser humano. Los hombres son considerados como superiores porque son fuertes físicamente, dominan en el campo de batalla y son los que penetran, sexualmente, con sus penes. Por lo tanto, cualquier persona que no conforma esta versión idealizada de hombría es vista como inferior y debe ser dominada para que estos hombres "superiores" mantengan su rol legítimo como dominadores del mundo. Esta es la razón por la que, en los códigos hogareños, a menudo estaba bien que un amo usara a un esclavo para satisfacerse sexualmente, pero nunca estuvo bien que un esclavo penetrara sexualmente al amo —esto habría amenazado el orden social.[4]

Dado que las tradiciones hebreas y cristianas emergieron de culturas donde el patriarcado era el orden asumido de la sociedad, tiene sentido que la cosmovisión patriarcal esté incorporada en la cosmovisión bíblica y, por lo tanto, también lo estén la opresión hacia las mujeres, las clases bajas y las personas LGBT+. Cualquier persona que fuese vista como débil o divergente a las normas culturales era considerada de menos dignidad y valor, y quienes registraron las Escrituras estaban claramente felices de usar sus textos religiosos para justificar la cosmovisión patriarcal de su cultura. Para dar con evidencia de cuán prominente eran el patriarcado y la misoginia en el mundo antiguo, basta con observar a cualquiera de los filósofos de renombre de, prácticamente, cualquier era. Por ejemplo, en su famosa obra *On Flight and Findings*, el famoso filósofo judío Filón llega a declarar: "Porque lo femenino nunca está a la altura y es inferior a lo masculino".[5]

Pero de cara a tal sistema opresor y disfuncional de ordenamiento social, la fe cristiana emerge con una perspectiva radicalmente contracultural sobre cómo debería ser el orden del mundo. En el Nuevo Testamento, vemos en la persona de Jesús un asalto a veces sutil pero, no obstante, poderoso al orden patriarcal de su sociedad. A lo largo de su ministerio, Jesús transgrede escandalosamente las normas culturales al elevar la posición de las mujeres, a menudo tratándolas como

---

4 Kirk, "Trajectories Towards Gay Inclusion?"
5 Filón, *On Flight and Findings*, IX.52.

iguales, compartiendo mesas con ellas y permitiéndoles ser sus discípulas. El mismísimo comportamiento y posición social de Jesús dentro del Imperio romano también lo habría colocado en la categoría de femenino cuando se lo contrastaba con un ciudadano romano hombre, tal como Dianna Swancutt nota en su demoledor artículo *"Sexing the Pauline Body of Christ"* [Sexuando el cuerpo paulino de Cristo]: "Jesús y sus discípulos [...] eran niñas bajo los estándares de género romanos".[6]

Y mientras que el racismo y la esclavitud no están completamente condenadas en el Nuevo Testamento, la mayoría de los lectores de la Escritura estarían de acuerdo en que hay una trayectoria consistente que se aleja de las normas patriarcales y se acerca a la liberación y la igualdad de las personas de todas las etnias, clases y culturas, que va desde los principios de la Biblia hebrea a los estándares del Nuevo Testamento. Después de todo, la visión apocalíptica al final de la Biblia muestra una escena hermosa donde todas las naciones están juntas como iguales ante el trono del Cordero, terminando así con toda división cultural y clasismo. Daniel Kirk habla de esta visión apocalíptica:

> Dios ha creado un tipo diferente de sociedad. En esta, podemos ser hombres o mujeres. O eunucos. Y nada de eso afecta nuestra posición o herencia. Podemos ser judíos o gentiles. Judíos mesiánicos. Y esto no afecta nuestra posición o herencia. Podemos ser esclavos o libres. O esclavos de las deudas de nuestra tarjeta de crédito. Y estas

---

6 Swancutt, *Theology of Eros* [Teología del Eros], 84.

cosas no afectan nuestra posición o herencia.[7]

En el reino que Dios está creando a través de Cristo, todas nuestras identidades construidas socialmente están en el asiento trasero de nuestra identidad primordial como hijos de Dios. Sin importar cual sea nuestro género, sexualidad o clase social, Dios nos invita a pararnos como iguales al pie del trono del Cordero. Este mensaje es abundantemente claro a lo largo del ministerio de Jesús y, luego, en los escritos del Nuevo Testamento.

Pero cuando se trata de la homosexualidad, es menos claro para el ojo desnudo la manera en la que el Nuevo Testamento cambia el guion sobre el tratamiento de las minorías sexuales. Conforme abordamos este tópico, es importante recordar el punto que he establecido numerosas veces hasta aquí: dado que el sexo, la sexualidad y la clase social están fundamentalmente vinculados en la cosmovisión patriarcal, si vemos una trayectoria de liberación en cuanto a estos temas, entonces *necesariamente* también debe ser una trayectoria de liberación para las minorías sexuales. Sin embargo, creo que podremos elaborar un argumento incluso más fuerte cuando excavemos profundo en los modos en los que se manifestó el patriarcado en el mundo grecorromano y empecemos a entender cómo este sistema impactó en la vida del mismo Jesús.

---

7 Kirk, "Eschatological Trajectory of Gay Inclusion" [Trayectoria escatológica de la inclusión gay].

POR QUÉ EL SEXO GAY ERA TABÚ EN EL MUNDO ANTIGUO

Ya establecimos que en la cosmovisión patriarcal se cree que los hombres son superiores porque son vistos como los dominantes. La razón por la cual la homosexualidad en particular (el lesbianismo raramente es mencionado o condenado en los textos antiguos) era vista como deplorable es porque amenazaba fundamentalmente el orden de la sociedad y de la cultura. Que un hombre biológico se dejara penetrar por otro hombre era permitirse ser emasculado y, por lo tanto, renunciar a su poder y posición social. Vale la pena repetir que, en el mundo grecorromano, el sexo biológico estaba fundamentalmente ligado al rol que ejercía en una relación sexual; *no podían* separarse. Por lo tanto, que un hombre fuera penetrado era una renuncia a su "hombría" y, por ende, a su posición de poder en la cultura.[8] La erudita Diana Swancutt explora esto en profundidad:

> Los antiguos no consideraban el coito como una función de la orientación sexual, sino como una declaración de género, de estatus sociopolítico entendido en términos de la masculinidad y feminidad de las acciones del actor, independientemente del sexo de sus objetos sexuales. Los ciudadanos griegos y romanos eran definidos como activos, penetradores masculinos, y sus objetos sexuales (mujeres, esclavos y jóvenes) como pasivos/femeninos/penetrados.[9]

Jonathan Walters argumenta que, en la conciencia romana, la mismísima identificación como hombre estaba

---

8 Swancutt, "Still before Sexuality" [Aún antes de la sexualidad].

9 Swancutt, *Theology of Eros*, 77.

atada a la realidad de que sus cuerpos no podían y ni serían sexualmente penetrados.[10] La razón por la cual el sexo homosexual era deplorable era porque, al ser penetrado, el hombre se pondría *a sí mismo* en la posición del *malakoi*, o "el suave", mientras que el otro participaría voluntariamente en la emasculación de un compañero varón. En un sistema patriarcal, encontrarle el sentido a un acto de relación sexual entre hombres era imposible, y así, la homofobia prevalecía en el mundo antiguo y en los textos bíblicos.

Hasta que no tengamos una idea clara de cómo funcionaban la misoginia y el patriarcado en el mundo grecorromano (y en la mayoría de las otras sociedades antiguas del Cercano Oriente), no podremos ver cuán prevalentes son estas fuerzas y cómo han moldeado la teología y práctica cristiana durante miles de años. Pero debemos recordar que las costumbres de una cultura antigua *no* se deben confundir con los deseos de Dios. Hasta que no seamos capaces de desafiar estándares culturales tanto antiguos como modernos con el claro ejemplo y enseñanza de Jesús, seguiremos promoviendo sistemas opresores y culturalmente construidos que excluyen y limitan la manera en que el evangelio puede transformar las vidas y el mundo.

CRUCIFIXIÓN COMO EMASCULACIÓN

Otra forma en que el patriarcado buscó manifestar simbólicamente su poder fue mediante la pena capital vía crucifixión. La crucifixión fue temida por todo el Imperio

---

10 Walters, "Invading the Roman Body" [Invadiendo el cuerpo romano], 29.

romano y vista como una de las formas más reprensibles de morir; estaba reservada para los peores criminales y para marginados sociales. El famoso escritor romano Cicerón declaró: "La misma palabra 'cruz' debe distar no solo de la persona de un ciudadano romano, sino de su pensamiento, sus ojos y sus oídos".[11]

En el mundo grecorromano, la crucifixión era vista como la forma más alta de castigo capital, no solo por ser tan insoportablemente dolorosa, sino por su cometido de avergonzar al "criminal" a través de actos dramáticos de vergüenza, humillación sexual y emasculación. Recuerda: en la mente grecorromana, *cualquier* forma de perforar el cuerpo era vista como castrante y humillante. En el drama de la crucifixión, todo el sistema patriarcal caía simbólicamente sobre hombres que representaban una amenaza para la sociedad, no solo al asesinarlos públicamente, sino también al *caparlos*. Absolutamente ninguna otra forma de muerte habría sido más vergonzosa para un hombre en una sociedad así. David Tombs, académico bíblico, nota:

> La crucifixión en el mundo antiguo parece haber tenido un elemento fuertemente sexual y debe entenderse como una forma de abuso sexual que involucra humillación sexual y, a veces, agresión sexual. La crucifixión estaba destinada a ser más que meramente la exterminación de la vida; más que asesinar, buscaba reducir a la víctima a algo menos que humano ante los ojos de la sociedad. Las víctimas eran crucificadas desnudas, lo que equivalía a una

---

11 Cicerón, *Pro Rabirio Postumo*, 5.16.

forma ritualizada de humillación sexual pública. En una sociedad patriarcal, donde los hombres competían entre ellos para demostrar su virilidad en términos de poder sexual sobre otros, la exhibición pública de la víctima desnuda por los "vencedores" frente a los espectadores y transeúntes llevaron el mensaje de la dominación sexual. La cruz sostenía a la víctima para mostrarla como alguien que había sido —al menos metafóricamente—castrado.[12]

En la teología cristiana tradicional, creemos que Cristo confronta voluntariamente la cruz para demostrar la perversión de la búsqueda desordenada de la humanidad por poder e injusticia. Quienes siguen a Cristo creen que la crucifixión es *el* acto de liberación y salvación para el mundo. En la cruz, el Imperio desnuda a Jesús de su dignidad y poder y lo asesina por la amenaza que suponía su visión social contracultural y espiritual acerca de los poderes existentes. En la cruz, Jesús es dramáticamente golpeado, desnudado, y obligado a marchar de forma humillante por el centro de Jerusalén, donde luego se le perforan las manos y los pies, se lo cuelga alto en la cruz, y una lanza le perfora el costado. ¿Por qué tanta desnudez? ¿Por qué tanto drama? ¿Por qué tanta perforación? Porque el acto de crucifixión estaba destinado a ser la forma más elevada de humillación, la muerte más temible posible, donde la dignidad fundamental de un individuo, su poder y vida mismas eran despojadas lenta y dramáticamente frente a una multitud de transeúntes que celebraban el hecho. Esto era el patriarcado en su faceta

---

12 Tombs, "Crucifixion, State Terror, and Sexual Abuse: Text and Context" [Crucifixión, estado de terror y abuso sexual: texto y contexto].

más viciosa. La académica Dianne Swancutt enfatiza la humillación castradora de la crucifixión de Cristo al decir:

> Como judío galileo al que los romanos crucificaron como un aspirante al trono, Jesús encarnó todo lo que el hombre romano no era —alguien dominado, penetrado, azotado y humillado. Por lo tanto, a los ojos de los romanos, Jesús crucificado no era el rey de los judíos, sino, a duras penas, un hombre a quien Roma penetró como a una reina.[13]

En la mentalidad grecorromana, cuando Cristo es crucificado, también se lo emascula.[14] La cruz es la expresión definitiva del poder del sistema patriarcal en su misoginia, xenofobia, y homofobia. Y la teología cristiana tradicional nos enseña que Jesús afronta la cruz voluntariamente como *el* acto de salvación. Él se humilla hasta el punto de renunciar total y definitivamente a su versión de la masculinidad, poder y privilegio construidos culturalmente, para la liberación del mundo. Mientras Jesús muere, burlado y avergonzado a la vista de la gente, el Imperio cree que ha obtenido la victoria sobre su incipiente revolución. Creen que a través de esta horrible exhibición de poder patriarcal se había demostrado claramente por qué César es el Señor y no este tal Jesús. El Imperio cree que no solo ha avergonzado a Jesús mismo a través de la crucifixión, sino que, al emascular a su líder, también ha avergonzado a todos sus discípulos, los cuales, además, habían esperado la revolución. El teólogo Halvor

---

13 Swancutt, *Theology of Eros*, 84.

14 La palabra griega usada para un hombre emasculado es *malakoi*, un hombre "suave", que es el término que se traduce erróneamente en la mayoría de las Biblias como "homo-

Moxnes nota que, inmediatamente luego de que Jesús es crucificado, los registros históricos antiguos nos dicen que la castración que enfrentó también les fue "transmitida" a sus seguidores, de quienes se burlaban por todo el Imperio, llamándolos "eunucos".[15]

Pero luego, en la historia cristiana, sucede la resurrección. Quizás la resurrección debería ser vista como la *subversión* definitiva al sistema patriarcal opresor. Cuando Jesús resucita, luego de haber sido asesinado por el Imperio, demuestra que la revolución que empezó era incluso más poderosa que los sistemas más poderosos de opresión de nuestro mundo. El levantamiento de entre los muertos es la declaración definitiva de que ni el Imperio ni el patriarcado tendrían la última palabra. El anteriormente emasculado y crucificado Jesús se levanta y es declarado por sus seguidores como el *Hijo de Dios*, el título de máximo poder, reservado al mismo César, poniendo patas para arriba toda la idea de poder patriarcal.

La comunidad de discípulos y discípulas se organiza alrededor de la imagen de este Mesías crucificado y empieza a reclamar y apropiarse del símbolo de la cruz —originalmente destinado a aterrorizar el corazón de quien lo viera— y a usarlo como un símbolo subversivo de liberación. El patriarcado

---

sexual". Para ser claro, no estoy diciendo que Jesús era homosexual, sino que si tomamos la tergiversación de *malakoi* para que signifique eso, como en la mayoría de las Biblias, entonces tendríamos que decir que Jesús era gay, porque así es como hemos traducido *malakoi*. Lo que propongo es que deberíamos buscar una mejor traducción en nuestras Biblias para este término griego y, además, entender que considerar *malakoi* como un pecado está fundamentalmente atado a la misoginia y al patriarcado, cosas que el Nuevo Testamento busca deconstruir.

15 Moxnes, *Putting Jesus in His Place* [Poniendo a Jesús en su lugar], 72–90.

había sido quebrantado por el poder del amor e inclusión radical, y el Salvador crucificado ahora era la imagen de la victoria y fuerza definitivas.

En todas las narrativas de resurrección, los escritores indican con claridad que el Cristo resucitado todavía lleva las marcas de la crucifixión. Incluso en su vida renovada, sus manos y pies poseen las cicatrices del abuso traumático al que fue sometido injustamente. De hecho, hasta donde sabemos, en lo que resta del Nuevo Testamento, incluso en las visiones del Apocalipsis, Jesús *nunca pierde* sus heridas. *Permanece con cicatrices, permanece perforado.* Está marcado por siempre con el símbolo de la emasculación, y se vuelve la imagen de cómo debería lucir la masculinidad redimida —o más bien, la *verdadera humanidad*— redimida. Como sugiere[16] el académico Chris Frilingos, la imagen del Cordero de Dios del Apocalipsis se erige como una tensión singular entre la imagen femenina y masculina, sugiriendo que el Cristo resucitado encarna eternamente la compleja gama de identidades de género reflejadas en la humanidad. El Cordero resucitado demuestra, en última instancia, que el sistema opresor del patriarcado solo tiene el potencial de traer muerte; pero el camino del abrazo e inclusión radical es lo que manifiesta el nuevo mundo que Dios desea crear: uno de equidad y justicia.

A pesar del poderoso imaginario en el corazón de la narrativa cristiana, muchos cristianos y cristianas han vuelto con creces al modo patriarcal de ver y ser en el mundo —

---

16 Frilingos, Sexing the Lamb.

porque nadie quiere un Salvador afeminado, especialmente en una cultura patriarcal centrada en el dominio, como el mundo occidental moderno. Cuando el cristianismo fue declarado como la religión oficial del Imperio romano patriarcal, creo que la encarnación de Jesús, liberadora del patriarcado, se diluyó en el cristianismo convencional. Lo que fue denominado como cristianismo "oficial" por aquellos en el poder se volvió una herramienta para mantener sistemas opresivos y crear nuevos a fin de amasar poder y riquezas.

Esta es también la razón por la que, en nuestros días, a la mayoría de los evangélicos y evangélicas no se les ha enseñado a mirar y anhelar a nuestro Salvador crucificado, sino a esperar una segunda venida en la que Jesús aparezca, según se dice, no como el Cordero de Dios sino como el *rey guerrero* que luchará, derramará sangre y una vez más se convertirá en la imagen definitiva de la dominación y el patriarcado. En vez de la imagen subversiva del Jesús revelado en los relatos de los Evangelios —el que vence la opresión al declarar que los "de afuera" son "los de adentro", al desafiar los sistemas políticos y religiosos de sus días cada vez que podía, e incluso al brindar perdón a sus asesinos— a los evangélicos y evangélicas se les ha enseñado a desear al Jesús que *mata* a sus enemigos, apoya a los imperios, justifica sus abusos, y oprime a todo aquel que no cree o luce como ellos y ellas. *Esto* es lo que se ha inculcado en muchos sectores del cristianismo a lo largo de la historia hasta la era moderna. Y este mensaje es la *antítesis fundamental* del mensaje y ejemplo de la cruz.

EL MENSAJE DE LA CRUZ Y EL ABUSO SEXUAL[17]

En nuestra era moderna, la maldad del patriarcado también se ha afirmado en la iglesia de muchas formas inquietantes, entre las que se destaca la prevalencia del abuso sexual. Cuando nuestra teología apoya un modelo patriarcal de ver y ser en el mundo, y declara que es Dios quien ha ordenado así la creación, se vuelve aceptable que los hombres afirmen su dominancia de cualquier manera posible, incluyendo el camino del abuso sexual.

Si bien la mayoría de los cristianos nunca buscarían justificar abiertamente el abuso sexual, hemos visto muchos casos que han sido ignorados, ocultados o justificados dentro de la iglesia. Con el hashtag #ChurchToo[18] [la iglesia también] se han documentado historias trágicas de líderes de iglesia involucrados en abuso sexual, o que lo justifican, a través de teología patriarcal, como una manera de proteger sus plataformas. Si las mujeres, personas *queer* o de las clases sociales más bajas son vistas como inferiores o de menor valor o poder que los hombres dominantes, entonces la indignación moral por su abuso se reduce significativamente.

---

17 Debo ser honesto: dudé en abordar el pesado tópico del abuso sexual aquí porque no tengo la cantidad de espacio necesario para discutir adecuadamente todas las dinámicas importantes de la experiencia de sobrevivientes al abuso y los modos en que la teología cristiana ha sido culpable y cómplice en ello. Pero luego de una conversación con un colega, y en orden de presentar una imagen completa de cuán destructivo fue el patriarcado para Jesús, y de cuan destructivo sigue siendo en la iglesia moderna, tuve la convicción de que debo, al menos, ofrecer un vistazo del modo en que el abuso sexual se manifestó en la crucifixión y de lo que significa para el momento que atravesamos actualmente en la historia, donde está siendo expuesto más rápido que nunca. Para bucear más profundamente en este tópico, recomiendo con énfasis la obra de David Tombs y Michael Trainor.

18 #ChurchToo fue desarrollado por Emily Joy Allison y Hannah Paasch. Chequeen su trabajo en Twitter.

Se torna fácil justificar el abuso sexual cuando una mujer debe someterse al deseo de su marido. Se vuelve entendible que los compañeros y compañeras *queer* sufran marginación y abuso cuando se les considera como amenazas y subhumanos.

Este es el sistema debajo de la superficie de nuestro cristianismo occidental moderno que ha estado perpetuando una comprensión destructiva de la sexualidad y el género durante décadas y ahora está siendo revelado por su perversidad a través de la valentía de mujeres y personas queer que están elevando sus voces y haciendo que se sepa la maldad que se les ha hecho en nombre de una supuesta "sexualidad bíblica" u "hombría bíblica".

Cuando empezamos a entender la forma en la que el imperio usó su terrorífico poder para desnudar simbólicamente a Jesús de su dignidad, vemos cómo la imagen de la cruz puede volverse una clave subversiva para la liberación de las mujeres, las personas queer y los desfavorecidos de la sociedad. Cuando observamos la imagen del crucificado, deberíamos recordar las grandes injusticias que perpetúan los poderes corruptos tales como el patriarcado, y motivarnos a seguir el camino subversivo de Jesús, que busca exponer y derribar tal sistema. Cuando miramos la cruz, también debemos tomar conciencia del abuso sexual al que fue sometido el mismo Jesús durante su juicio, como nota David Tombs:

> La idea de que Jesús mismo experimentó abuso sexual puede parecer extraño o impactante al principio, pero la crucifixión fue un "castigo supremo", y desnudar y exponer a las víctimas no fueron elementos accidentales

o incidentales. Fue una acción deliberada que los romanos usaron para humillar y degradar a aquellos que deseaba castigar. Significaba que la crucifixión era más que solo física, también era un devastador castigo emocional y psicológico.[19]

Jesús mismo se enfrentó con la humillación sexual y el abuso en manos del patriarcado. De esta manera, Dios en Jesús se solidariza radicalmente con quienes han sido víctimas de violencia y traumas sexuales y expone cuán condenable es ese comportamiento. Aun así, en nuestra era moderna, en lugar de ver a la cruz como un recordatorio deslumbrador de la maldad del patriarcado y el modo en que Jesús mismo pasó por la violencia sexual, en general la iglesia la ha usado para justificar nuestras propias manifestaciones patriarcales reprochables, incluyendo la horrenda injusticia del abuso sexual.

A menos que estemos dispuestos y seamos capaces de quitarnos las anteojeras y ver las formas históricas en que Jesús crucificado revela cuán condenable es el orden patriarcal de la sociedad, y escuchemos el llamado de nuestro Salvador de ir al mundo y encarnar las buenas nuevas del sueño liberador de Dios para el planeta, continuaremos volviendo a la herejía destructiva del patriarcado. Y cuando volteamos nuestra vista del Cristo abusado y nos aferramos más a la imagen imperial de un rey dominador, inevitablemente comenzaremos a permitir la reinstitución de los mismos sistemas injustos que

---

19 Tombs, "#HimToo-Why Jesus Should Be Recognised as a Victim of Sexual Violence" [#Éltambién – Por qué Jesús debería ser considerado una víctima de violencia sexual].

asesinaron a Jesús y posibilitaron el abuso sexual en la iglesia del hoy.

En el momento en que el patriarcado es abrazado como el marco principal de orden social, florecen el abuso y la opresión. A menos que prestemos atención al ejemplo de Cristo para luchar contra los sistemas de abuso y poder injusto, tanto en la iglesia como fuera de ella, con cada gramo de vida de nuestro ser, estaremos fallando en seguir fielmente el sendero que Jesús nos trazó para que caminemos, y estaremos permitiendo que el patriarcado destruya las vidas de los más vulnerables y marginados en nuestras comunidades y más allá. Si vamos a tomar al Evangelio en serio y alinearnos con el movimiento del Espíritu hacia una liberación más grande, entonces debemos pelear contra el abuso sexual, trabajando para deconstruir el sistema que permite justificarlo.

DESTRUYENDO LOS SISTEMAS DE DOMINACIÓN

Desde el comienzo de la Escritura hasta las páginas finales del libro de Apocalipsis, hay un ataque gradual pero consistente a los sistemas de opresión, dominación y exclusión. En la encarnación de Jesús, del cual la Escritura proclama que es la mismísima revelación de Dios, vemos a un revolucionario radical que está dispuesto a dar su propia vida para mostrar a la humanidad el horror de nuestro propio comportamiento de dominación y exclusión, y revelarnos un camino mejor. Vemos a un Cristo que está listo para desafiar y destruir los sistemas —los "principados y potestades"—[20]

---

20 Efesios 6:12.

que conducen a la exclusión y la opresión, pero que nunca justifica la violencia o la lucha "contra la carne y sangre".[21] Jesús y los apóstoles entendieron que el problema no eran necesariamente las *personas malas*, ya que los individuos habían sido condicionados para creer que el orden patriarcal era el modo en que debía funcionar el mundo, sino más bien los *sistemas malvados de poder* que encuentran encarnación y expresión a través de instituciones humanas.

Al pelear contra el patriarcado y exponerlo como una forma fallida y deficiente para ordenar nuestras vidas y el mundo a nuestro alrededor, abrimos la posibilidad de traer la liberación tanto al oprimido como al opresor. Jesús alcanza y abraza incluso aquellos que son considerados los peores pecadores de sus días, transgrediendo los límites culturales y religiosos para demostrar que nadie se queda por fuera del abrazo redentor de Dios. Al mismo tiempo, el Jesús de los relatos de los Evangelios no tiene miedo en usar palabras duras para hablar del modo en que se usa el poder. E incluso, en el libro de Apocalipsis, Jesús lanza una batalla metafórica[22] contra el "Satán" (que, por cierto, no debería ser entendido como un ser literal sino como una personificación del "acusador"[23] o aquel que hace que la humanidad se sienta avergonzada) y su ejército de fuerzas demoníacas, venciéndolos no con la fuerza bruta sino con el poder de su justicia.

---

21 Efesios 6:12.

22 Apocalipsis 12:7–17.

23 Apocalipsis 12:10.

La imagen del libro de Apocalipsis del Cordero inmolado[24] es un símbolo poderoso del camino de liberación de Jesús. El Cordero es cubierto con sangre, pero *no* con la sangre de sus enemigos, sino con *su propia* sangre, vergonzosamente derramada en la cruz.[25] Esta imagen es el símbolo definitivo de la demolición de todos los sistemas de dominación, como el patriarcado, que son las fuerzas impulsoras de *toda* la opresión en nuestro mundo actual.

La imagen de la cruz, que ha sido mal utilizada por siglos como un símbolo de la opresión, homicidio y discriminación contra las minorías en todas las culturas es *la* clave subversiva de nuestra liberación y salvación.

EL MUNDO JUSTO QUE DIOS ESTÁ CREANDO

Jesucristo, en su propio cuerpo, se vuelve la *encarnación literal* de la liberación del patriarcado. Al caminar ese largo y vergonzoso camino al Calvario, al ser burlado públicamente y asesinado, reveló el mal fundamental que embebe todas las jerarquías dominantes.

Antes de ser crucificado, Jesús se presenta ante Poncio Pilato y quita el velo del patriarcado, mostrando que todo este proceso judicial no fue más que un espectáculo que no tenía el fin de impartir justicia sino que pretendía hacer una demostración del poder patriarcal. De pie ante Pilato durante su juicio, Jesús declara: "Hablé abiertamente al mundo […], siempre enseñé en el templo o en las sinagogas, donde todas

---

24 Apocalipsis 5:6.
25 Apocalipsis 19:13.

las personas se reúnen. ¡No tengo nada que esconder!".[26] Puso de cabeza el espectáculo que estaban haciendo de él: demostró que no tenía ningún deseo de derrocar sus sistemas de poder para erigirse como un nuevo emperador terrenal, sino de revelar "el reino de Dios", que para Jesús significaba el mundo como Dios siempre quiso que fuera. Un mundo donde "el lobo vivirá con el cordero, el leopardo se echará con el cabrito, y juntos andarán el ternero y el cachorro de león, y un niño pequeño los guiará".[27]

En otras palabras, un mundo donde todas las jerarquías de dominación, incluso *la cadena alimenticia misma*, será nivelada y todas las criaturas habitarán en perfecta armonía. Esta siempre ha sido la esperanza en el corazón de la religión judía y está en el corazón de lo que Jesús buscó crear a través de sus enseñanzas y vida. No un nuevo imperio donde él y su pueblo reinaran por sobre todos los demás, sino un lugar en el que *todas las personas reinan*[28] y *todas las personas* son parte de una *nación santa y un sacerdocio real*.[29]

Así es como luce la salvación. *Así* es como luce la liberación. La consecuencia del poder subversivo de *esta* visión es la misma crucifixión. Quienes viven en la cima de las jerarquías sociales, cegados fácilmente por el privilegio y el poder que les imposibilitan ver que la *equidad* podría beneficiarlos, creen que están bien viviendo en la cumbre de la jerarquía dominante. Los principales sacerdotes y representantes del

---

26 Juan 18:20, paráfrasis del autor

27 Isaías 11:6

28 Apocalipsis 20:4–6.

29 1 Pedro 2:9

imperio no podían creer que Jesús no quisiera ser "el rey de los judíos" y que, en su lugar, deseara trabajar por un mundo en el que todas las personas fueran iguales, donde se satisficieran las necesidades de todas las personas y donde fueran libres de reflejar la diversidad de Dios en sus propias y únicas vidas. Pero Jesús sabía que el poder dominante y opresivo nunca podría traer plenitud o redención al mundo —solo la inclusión, la igualdad, el autosacrificio, y el amor podrían liberar. Y él creía esto tan profundamente que estaba dispuesto a transitar el camino del sufrimiento hasta la cruz.

Creo que si observáramos la cruz lo suficiente y buscáramos entender todos los mecanismos que están en juego en el punto histórico de la crucifixión, nos empezaríamos a dar cuenta del verdadero poder del evangelio de Jesús y reconoceríamos que nuestra llave a la liberación y salvación definitiva como humanidad se encuentra en su persona y obra.

VERDADERO DISCIPULADO: TOMAR NUESTRA PROPIA CRUZ

Del mismo modo, el llamado para quienes se consideren cristianos o cristianas es a tomar su *propia* cruz para participar de la deconstrucción de los sistemas opresores de nuestro mundo. Es seguir el camino *kenótico*[30] de Jesús, quien "siendo por naturaleza Dios, no consideró el ser igual a Dios como algo a qué aferrarse. Por el contrario, se rebajó voluntariamente, tomando la naturaleza de siervo y haciéndose semejante a los seres humanos. Y, al manifestarse como hombre, se humilló

---

30 El término *kenótico* viene de la palabra griega *kenosis*, usada por Pablo en Filipenses 2 para describir el vaciamiento propio de Jesús, que abandona su posición de poder y privilegio en orden de adoptar la carne humana y redimir a la humanidad a través de la

a sí mismo y se hizo obediente hasta la muerte, ¡y muerte de cruz!".

Este es el camino al que la iglesia está llamada, y todas las personas que siguen a Cristo deben preguntarse regularmente: ¿Cómo estamos ayudando a desmantelar estos sistemas de opresión? ¿Nos estamos escondiendo en nuestros clósets de miedo, sin estar dispuestos a alzar la voz en público por temor a las repercusiones? Debemos saber que nuestro silencio está siendo cómplice en la opresión. El silencio es opuesto al Evangelio. Debemos, en el nombre de Cristo, alzar la voz. Debemos estar dispuestos y dispuestas a sacrificar nuestra posición de privilegio, poder y confort para levantar a las personas oprimidas y devolverles la voz a quienes callamos. Porque la trayectoria de la revelación bíblica, como vimos en Jesús, no es una abolición o rebaja de los estándares éticos, sino una expansión de estos para enfocarnos no tanto en los actos rituales y religiosos que nos hacen parecer personas piadosas, sino en acciones que nos hacen personas verdaderamente éticas: el amor encarnado y sacrificial por mi prójimo y prójima y por mí mismo.

Los primeros textos bíblicos emergen de una cultura que en *algún* sentido no era del todo distinta a la nuestra. Una cultura que deseaba personas oprimidas para perpetuar el sistema patriarcal que haría que aquellos que estaban en el poder permanecieran allí. La revelación de Jesús desafió estos fundamentos y, en definitiva, es lo que hizo que fuera crucificado (porque su revolución ética suponía una amenaza

---

encarnación sacrificial.

seria al orden opresivo de la sociedad de sus días, tal como lo hace en la nuestra).

Si los cristianos y cristianas modernos estamos dispuestos a decir que la trayectoria de la revelación se aleja de la esclavitud y de la subyugación de las mujeres presentes en la Escritura, entonces, para ser fieles y coherentes con la academia y con nuestro abordaje hermenéutico, también debemos ver que el movimiento del Espíritu de Dios se aleja de la opresión contra las minorías sexuales y de género: estos elementos no pueden ni deben ser separados. El Evangelio de Jesús es de liberación para todas las personas oprimidas, y a menos que seamos librados juntos de las garras del patriarcado y de todo otro dominador jerárquico, nadie podrá ser verdaderamente libre. El patriarcado es lo que crucificó a Cristo, y su destrucción y la creación de un mundo justo y equitativo es *la* esperanza definitiva de la resurrección.

6
CREANDO EL CAMBIO.
EL ROL DE LA TEOLOGÍA Y EL PODER DE LA RELACIÓN

A pesar de poder argumentar un posicionamiento ideológico claro para la inclusión LGBT+ dentro de la tradición cristiana, mi propia experiencia me ha enseñado que el debate teológico no es la base para cambiar los corazones y mentes en este tópico. He pasado horas incontables debatiendo contra académicos no solidarios a las identidades LGBT+ en cuanto a lo que enseña la Escritura acerca de la sexualidad y, al final del día, la discusión solo parece solidificar la posición de ambas partes en las veredas opuestas del espectro. Si bien la teología es claramente importante, lo que es primordial en la tradición cristiana es el poder de las relaciones encarnadas. El Evangelio todo es la historia de un Dios que se encarna para estar en proximidad y relación con los seres humanos, y es a través del encuentro relacional que ocurre la transformación.

Como ya vimos, la experiencia siempre ha sido una fuente elevada de autoridad para los cristianos y cristianas, a pesar de la posición fundamentalista moderna de que no se puede confiar en nuestra experiencia. Para Pedro, en Hechos 10, fue su *experiencia* la que en última instancia le cambió la mentalidad sobre la inclusión de los gentiles en la iglesia. Cuando se lo llamó al Consejo Apostólico en Jerusalén para pedirle que justificara su comportamiento no ortodoxo, él realizó dos declaraciones: primero, que había tenido una visión personal de Dios que declaraba que los gentiles eran "limpios", y segundo, que había experimentado el derrame innegable del Espíritu sobre los gentiles mientras predicaba. Ambos argumentos estaban enraizados en experiencias personales y de proximidad con aquellos a quienes Pedro consideraba como "otros y otras". Cuando los apóstoles escucharon el testimonio de Pedro, no dudaron en cambiar su teología y celebrar la expansión del reino radicalmente inclusivo de Dios.

Si los apóstoles valoraban la experiencia y permitían que esta diera forma a su teología de una manera tan importante, ¿por qué no deberíamos hacerlo hoy? Si Jesús mismo pasaba tiempo con personas que habían sido consideradas extrañas por la religión establecida y les dio la bienvenida al abrazo amoroso de Dios, ¿no deberíamos estar siguiendo ese ejemplo? No importa de que lado del debate teológico sobre la inclusión LGBT+ estés, el imperativo bíblico es claro: debemos estar en relación con las personas, y solo en esas relaciones la obra transformadora de Dios se manifestará de forma poderosa.

Trabajé durante algunos años con el seminario de Auburn, en New York, en un proyecto de investigación llamado *Being in Relationship* [Estar en relación], el cual exploraba cómo cambian las opiniones sobre la inclusión LGBT+, específicamente entre tradiciones cristianas evangélicas y afroamericanas. La investigación arrojó que cuando ambas partes —personas LGBT+ y personas anti-LGBT+— se sientan juntas con un deseo genuino de escuchar y aprender empáticamente unos de otros (o sea, en oposición al mero debate y/o prejuicio) y abandonan el impulso de modificar la mentalidad de la contraparte, suceden cambios significativos. En lugar de simplemente sermonear al otro, vivenciar una relación les dio a ambas partes la oportunidad de crear y compartir sus historias en tiempo real, y ese poder de ser testigos personales es lo que, en última instancia, inicia el proceso de transformación.[1]

Como parte de nuestra investigación, tuve la oportunidad de concertar charlas privadas entre cristianos que no afirman las identidades LGBT+ y cristianos LGBT+ que simplemente se unen para conocerse como seres humanos, y en cada reunión los resultados son siempre notables. Más allá de nuestros desacuerdos teológicos y experiencias diferentes del mundo, una de las razones por las que existe una división tan profunda entre estos dos grupos es simplemente porque *no nos conocemos*. Lo que sí conocemos, más a menudo de lo que nos gustaría admitir, son las caricaturas del "otro", y permitimos que esa lente impacte en la forma en que interactuamos. La mayoría de los cristianos y cristianas no solidarios con las identidades LGBT+ creen que estas personas solo son activistas radicales a las que les importa más complacer sus deseos sexuales que amoldar sus vidas al camino de Jesús. Muchos cristianos y cristianas LGBT+ ven a estos otros como ignorantes y discriminadores de mente estrecha que solo desean trazar líneas divisorias para preservar su propio poder en lugar de inclinarse al llamado sacrificial de

---

1 Para leer el estudio completo, ver Auburn Seminary, *Being in Relationship*.

Cristo para amar a las personas LGBT+. Es solo cuando nos juntamos a charlar y nos tomamos un tiempo para compartir nuestras historias, disipar los mitos y hacernos vulnerables ante el otro, que la verdadera transformación puede ocurrir. Los cristianos no afirmantes de estas identidades se ven en la obligación de luchar con el profundo dolor que han causado y la abrumadora realidad de la presencia del Espíritu Santo que obra en las vidas de las personas LGBT+ y a través de ellas. Y los cristianos y cristianas LGBT+ también nos transformamos cuando vemos que el principio que más claramente encarnó Jesús es *cierto:* cuando elegimos amar a nuestro prójimo e incluso a nuestros enemigos, son transformados para bien.

En medio de esta realidad, es importante que entendamos que este trabajo particular no es para cualquiera, y que las personas LGBT+ no deberían tratar de conversar con quienes les han herido de manera traumática hasta que haya ocurrido un proceso de sanidad interna y tengan, al menos, un sistema de apoyo que asegure su bienestar. Entrar en estos tipos de relaciones conlleva una gran cantidad de sanidad y coraje, y hacerlo es solo una de las tantas maneras que hay para ser un agente de cambio efectivo en la iglesia y en el mundo. Por otro lado, en mi experiencia, no he sido testigo de un modo más efectivo de hacer un cambio significativo y duradero que a través de la proximidad sacrificial con nuestros "otros", y a través del intento de estar en una relación con quienes ven el mundo de manera diferente.

Ahora, muchos se resistirán y dirán que la creencia correcta debería ser más importante que el poder de la empatía y la experiencia. Obviamente, creo que hay un mérito en el discurso teológico y que nuestra teología importa. Pero aferrarse a declaraciones teológicas incorpóreas, divorciadas de la experiencia encarnada, no es un modo cristiano de involucrarse teológicamente. Todo el impulso de la historia cristiana es que el Logos Divino, la Verdad, se hizo carne y habitó entre nosotros.[2] Cualquier intento de divorciar la verdad de la realidad vivida es, por lo tanto, una forma desleal de hacer teología cristiana.

La teóloga Alister McGrath dice que la experiencia es "un cuerpo acumulado de conocimiento, que surge del encuentro cara a cara con la vida".[3] Si somos honestos, la mayoría de lo que creemos y la manera en que observamos el mundo proviene de lo que hemos experimentado y lo que hemos aprendido *mientras vivimos*. Para los tradicionalistas es fácil articular todas las razones teológicas derivadas de su abordaje hermenéutico de la Biblia de por qué creen que no es posible ser gay y cristiano o cristiana. Pero deberían volver a las Escrituras para ver una vez más qué es lo que creen y si hay alguna posibilidad de que hayan malinterpretado algo a medida que adquieren nuevos conocimientos a través de sus relaciones con cristianos y cristianas LGBT+ que les demuestran que el Espíritu de Dios está trabajando y moviéndose poderosamente entre las personas que su teología ha considerado reprobadas. Porque, cuando colisionan la realidad con la teología, es más probable que sea tu ideología la del problema.

---

2 Juan 1:14.

3 McGrath, *Christian Theology: An Introduction* [Teología cristiana: una introducción], 192–95.

Si buscamos ser fieles a Dios en nuestro abordaje al tópico de la inclusión LGBT+, debemos estar en relación con quienes ven las cosas de manera diferente. Debemos estar dispuestos y dispuestas a sentarnos a la mesa y formar relaciones profundas y significativas a través de las divisiones ideológicas. Y en medio de las relaciones que emerjan, también debemos mantener nuestros corazones abiertos para escuchar una palabra fresca del Espíritu Santo que puede llamarnos a una perspectiva o postura diferente en este tópico. Si nuestro deseo es la fidelidad cristiana y no simplemente clavar nuestra bandera en el suelo y defender nuestro campo teológico, entonces deberíamos estar ansiosos y ansiosas por escuchar y aprender con humildad de quienes ven las cosas de otra manera. Y cuando lo hagamos, estoy convencido de que el Espíritu de Dios nos acercará a la mejor manera de vivir, amar y creer en cuanto a la inclusión LGBT+ en la iglesia; la inclusión radical.

7
UNA FE QUE VALE LA PENA.
APLICANDO EL EVANGELIO DE LA INCLUSIÓN

Cuando empecemos a entender que toda la trayectoria de la Escritura apunta al amor radicalmente inclusivo de Dios para toda la creación, nos veremos en la obligación de repensar todo nuestro marco teológico. Siendo que el patriarcado y la exclusión están embebidos en la cosmovisión de los escritores de la Biblia, entraremos en conflicto con varios textos exclusivos y con las doctrinas formadas a su alrededor. Pero esta es, quizás, la postura más fiel para abordar la Escritura —es la postura de Jesús cuando busca enmendar y elevar las normas éticas de la Biblia hebrea una y otra vez en los relatos de los evangelios; es el modo en que los rabinos judíos antiguos entablaron su relación con la Escritura cuando escribieron el Talmud, y es el modo en que Pedro y los primeros apóstoles revisaron sus creencias de toda la vida—: haciendo preguntas difíciles, observando el obrar del Espíritu alrededor de ellos en su contexto contemporáneo, y cambiando sus creencias y perspectivas para alinearse con la realidad y la dirección en la que el Espíritu parecía empujarlos. El llamado a alejarnos de una comprensión exclusivista de la Biblia nos invita a repensar en cómo vemos a Dios, cómo entendemos la salvación y cómo interactuamos en el mundo como discípulos de Cristo.

Una de las principales formas en que apoyarse en una comprensión inclusiva del cristianismo conduce a una reforma espiritual en la vida de una persona es el llamado a salir de una forma dualista de interactuar en el mundo, hacia lo que el reconocido filósofo (y mi mentor) Ken Wilber llama un acercamiento "integral" al mundo. En Hechos 10, cuando Dios le habla a Pedro y le dice que deje de pensar a través de los lentes de "lo puro" e "impuro", en realidad lo está sacando de un modo binario o dual de ver el mundo hacia uno integral. En lugar de ver un grupo, tipo o clase de gente como el grupo "de adentro" y a otro como "el de afuera", la voz en la visión de Pedro revela el verdadero corazón de Dios: todas las cosas pueden y serán declaradas "limpias". Ya no hay más separación entre las personas judías y gentiles, porque ahora, en Cristo, todo está integrado en *una nueva humanidad*.

El plan de redención de Dios es profunda y radicalmente inclusivo: busca traer a todas las personas a redención y reconciliación, sin dejar a nadie afuera. Si es así como entendemos a Dios —el Creador inclusivo que busca redención universal—, entonces todo aspecto de nuestra fe es transformado. Ya no nos aferramos a la pureza teológica o a la certeza doctrinal como medios para saber que somos realmente "salvos" —en su lugar, vemos que el plan de Dios siempre ha sido "salvar" a todos, incluyendo nuestra diversidad. Ya no vemos al mundo como aquellos que son hijos e hijas de Dios y aquellos que no lo son —porque sabemos que el corazón de Dios es que todas las personas se reconcilien con su Padre. Ya no miramos al mundo en blanco y negro, sino como un bello arcoíris, donde absolutamente todas las personas tienen lugar. Cuando nuestra fe sale de un sistema dual y entra en los contornos, texturas y tensiones que existen en la realidad, se convierte en una fe más versátil, creíble y sostenible sobre la cual construir nuestras vidas.

Otro modo en que abrazar el Evangelio de la inclusión radical nos transforma fundamentalmente es en nuestra vida y relaciones. En mi libro *True Inclusion* [Verdadera inclusión], me pasé cientos de páginas explorando las implicaciones del Evangelio de la inclusión en nuestra fe, así que no voy a repetir todo eso aquí; sin embargo, cuando entendemos que el plan que el Espíritu de Dios ha estado desenredando a lo largo de los tiempos es incluir y redimir absolutamente a toda la humanidad, entonces estamos forzados a confrontar y desafiar nuestros propios prejuicios y parcialidades.

Es una triste realidad que, a lo largo de la historia, la iglesia de Jesucristo haya sido un cuerpo de personas a menudo exclusivistas e hirientes. Nuestra falla en seguirle el rastro a Dios a lo largo de la Escritura nos ha llevado a reforzar el modo binario de involucrarnos con el mundo, creando comunidades que excluyen y marginan a las mismísimas personas en las que Dios se deleita. La iglesia, en varios momentos y lugares, ha discriminado en masa a personas de ciertas razas, géneros, culturas, teologías, posiciones políticas, sexualidades, con determinadas discapacidades y casi cualquier otro aspecto identitario, y lo ha hecho en nombre y bajo la autoridad de Jesucristo. En nuestras vidas individuales, muchos y muchas hemos asimilado esta fe exclusiva y la hemos encarnado en nuestra existencia —distanciándonos de las personas que son diferentes a nosotros.

Pero si algo hemos de aprender del ejemplo de vida de Jesús es el hecho de que el verdadero crecimiento y transformación provienen de estar en proximidad con nuestros "otros y otras". Es fácil demonizar y excluir desde la distancia, pero es increíblemente difícil continuar marginando a personas con las que entramos en una relación. Es fácil equivocarnos en ver cómo Dios puede estar trabajando a través de quienes lucen y viven de manera diferente cuando solo las conocemos por su perfil de redes sociales o por la caricatura que elaboramos de su persona. Pero cuando caminas por la vida bien cerca de aquellos que son diferentes a ti, a menudo verás a Dios moviéndose y hablando en los lugares más inesperados.

Si tomamos seriamente el imperativo del Evangelio —de "ir y proclamar al mundo las buenas noticias"—, entonces debemos estar dispuestos y dispuestas a movernos desde las zonas de confort de nuestras propias vidas y buscar intencionalmente relaciones con las personas que son profundamente diferentes a nosotros. Debemos confrontar el dualismo y los prejuicios de nuestro propio corazón, que hemos justificado con nuestra teología excluyente, y buscar seguir el ejemplo de Jesús, quien, como escribió Eugene Peterson, "se hizo carne y sangre y se mudó al barrio".[1] El fraile Richard Rohr amplía la encarnación inclusiva de Jesús:

> El objetivo de la vida cristiana no es distinguirse de los impíos, sino mantenerse en solidaridad radical con todos

---

1 Juan 1:14, The Message [El mensaje].

y con todo lo demás. Este es el efecto completo, final y previsto de la Encarnación.[2]

¿Tendrías la disposición de mudarte al barrio con quienes pueden percibirte incluso como un enemigo? ¿Estás a la altura del desafío de vencer tus conceptos erróneos y prejuicios en contra de los otros y las otras? ¿Realizarás el duro trabajo de ver la luz de Cristo en "todos y en todo"? El proceso no es fácil, y si la vida de Jesús nos enseña algo es que tal postura puede implicar gran dolor y nuestra propia exclusión; no obstante, si afirmamos seguir a Jesús, me parece que no tenemos otra opción más que ser embajadores y embajadoras radicales de la reconciliación en nuestro mundo.

Abrazar el Evangelio de la inclusión *es* consecuencia de seguir a Jesucristo. En mi comprensión, *no hay otra manera* de ser fieles a la vida y obra de Jesús si no tener la disposición de cruzar todos los límites y fronteras culturalmente definidos que nos separan y ver que el mismo Espíritu que llevamos dentro está en y se mueve a través de *todas las personas*. En este sentido, no somos especiales. Dios no hace favoritismo y, por lo tanto, tampoco debemos hacerlo. Cada uno de nosotros y nosotras, en toda nuestra diversidad y desacuerdos, estamos invitados a dar un paso hacia nuestra identidad como hijos e hijas de Dios y trabajar para sanar al mundo a través de las buenas noticias de reconciliación y redención en Cristo. Este es y siempre ha sido el corazón de la fe cristiana (aunque a menudo ha sido enterrado debajo del falso evangelio de la exclusividad) y hasta que estemos preparados y preparadas

---

2 Rohr, *The Universal Christ*, [*El Cristo Universal*], 33.

a deconstruir nuestra propia fe y, de hecho, nuestras propias vidas, y reconstruirlas alrededor de la fe impulsada por el Espíritu de Cristo, permaneceremos predicando y creyendo un evangelio incapaz de salvar nuestras propias almas, mucho menos las del mundo entero. Las buenas noticias son *gran alegría para todas las personas,* sin excepción; son una invitación a recrear el mundo que Dios siempre quiso, donde todas las personas, con todas nuestras diferencias, nos paremos juntas como un mosaico multicolor a través del cual la Luz de Dios brilla, trayendo belleza y esperanza a nuestras vidas y a nuestro mundo. No sé tú, pero, para mí, suena como una fe que vale la pena.

CONCLUSIÓN.
QUE COMIENCE LA REVOLUCIÓN

En el libro de Hechos, capítulo 5, hay un momento profundo en el que los apóstoles están a punto de ser arrojados a la prisión por proclamar el Evangelio en Jerusalén, y uno de los líderes religiosos judíos, un hombre llamado Gamaliel, habla en nombre de ellos. Gamaliel se juega el pellejo por un grupo de personas con las que claramente no está de acuerdo, pero a quienes reconoce que Dios estaba usando de manera única. Habla a todo el sanedrín, el consejo de gobierno judío, con estas palabras poderosas:

Hombres de Israel, piensen dos veces en lo que están a punto de hacer con estos hombres. Hace algún tiempo surgió Teudas, jactándose de ser alguien, y se le unieron unos cuatrocientos hombres. Pero lo mataron y todos sus seguidores se dispersaron y allí se acabó todo. Después de él surgió Judas el galileo, en los días del censo, y logró que la gente lo siguiera. A él también lo mataron, y todos sus secuaces se dispersaron. En este caso les aconsejo que dejen a estos hombres en paz. ¡Suéltenlos! Si lo que se proponen y hacen es de origen humano, fracasará; pero, si es de Dios, no podrán destruirlos, y ustedes se encontrarán luchando contra Dios.[1]

---

1 Hechos 5:35–39.

Este pasaje de la Escritura siempre se destacó para mí por su sentido común. Gamaliel no cree en Jesús y no apoya a los apóstoles. Sin embargo, al menos está abierto a la realidad de que Dios puede obrar por fuera de los parámetros de su propia fe y comprensión, y luego de ser testigo del movimiento del Espíritu a través de los apóstoles, estuvo dispuesto a presentar una defensa de su caso ante las autoridades judías y, esencialmente, dice:

> Si estos hombres realmente son herejes y apóstatas, van a fallar como todos los otros aspirantes a Mesías y sus revoluciones fallidas. Pero si están realizando la obra de Dios, al oponernos a ellos nos hallaremos luchando contra Dios mismo.

Este argumento parece increíblemente apto cuando se habla sobre inclusión, especialmente de la comunidad LGBT+. La iglesia no afirmante ha gastado mucho tiempo y energía luchando contra la amenaza de los cristianos y cristianas LGBT+, que buscan ser una parte de la iglesia y dar sus vidas para seguir a Cristo, y a pesar de sus mejores esfuerzos para mantenernos fuera, han fallado. Miles de personas LGBT+ están redescubriendo a Jesús como la clave de su liberación e ingresando a su lugar legítimo en la mesa de la gracia. He tenido el gran honor de viajar por todo el mundo visitando comunidades cristianas LGBT+ que están emergiendo en cada rincón del mundo con celo y pasión por proclamar y encarnar el Evangelio radical de la inclusión, a pesar de los mejores esfuerzos de las iglesias no inclusivas por mantenerlos a raya.

Pienso en mi amigo, el Dr. Aaron Bianco, un teólogo católico y expastor asociado a la St. John the Evangelist Church [Iglesia evangélica de San Juan], en San Diego, CA. El Dr. Bianco es un gran seguidor fiel de Cristo, un hombre dedicado a vivir y amar como Jesús. Mientras se desempeñaba como copastor abiertamente gay y casado en San Diego, los cristianos radicales de derecha anti-inclusión LGBT+ comenzaron a criticarlo públicamente, exponiendo fotos de su familia y su hogar en Internet, animando a la gente a presentarse y protestar contra su rol de liderazgo en la iglesia católica. Se enfrentó a una agresión física después de una misa a la que asistió y su iglesia fue intervenida con las palabras "nada de maricones" pintadas en la pared de una sala de conferencias. El Dr. Bianco luchó duro para resistirse al cinismo y al miedo, porque sabe que Dios lo ha invitado a liderar en la iglesia, pero, finalmente, se vio obligado a renunciar a su cargo por la seguridad de su familia y de su parroquia. Sin embargo, no se ha dado por vencido. Continúa hablando, enseñando y levantando su voz en nombre de los millones de católicos y católicas LGBT+ alrededor de todo el mundo, cuyo deseo es expresar su fe y vivir auténticas vidas como personas LGBT+ creadas a imagen y semejanza de Dios. El Dr. Bianco ha sufrido persecuciones horrendas por el simple hecho de *desear ser cristiano*. Y aun así, a pesar de los mejores esfuerzos de las iglesias no inclusivas, su fe permanece inquebrantable y el Espíritu de Dios continúa proveyendo nuevas oportunidades y plataformas para que comparta su historia y proclame las buenas noticias de Dios a todo aquel que escuche.

Pienso en otro querido amigo, un miembro de mi iglesia, el Rev. Gary Matson, que fue un pastor bautista prominente en Colorado, hasta que fue exiliado por su mejor amigo y removido de su iglesia simplemente por ser gay. Gary luchó durante años por encontrar sanación de su sexualidad a fin de vivir su llamado al ministerio pastoral, participando en programas de terapia reparativa y casándose con una mujer como un medio de intentar ser "fiel" a lo que "Dios deseaba". A pesar de todos los intentos fallidos por cambiar y de la hostilidad de sus amigos y colegas en el ministerio, el Rev. Gary continuó sirviendo como pastor, mentor y amigo para innumerables cristianos LGBT+ en nuestra iglesia, Missiongathering, y más allá. Su compromiso de seguir a Jesús y vivir su llamado de ser ministro del Evangelio sigue inconmovible, a pesar de los mejores esfuerzos de las iglesias no inclusivas para descalificarlo.

¿No es de lo más raro que la iglesia, la cual cree que la misión de Dios es traer salvación al mundo, continúe peleando tan duro para mantener a las personas ávidas y dispuestas fuera de la comunión de fe? ¿Alguien realmente podría imaginar a cualquier de los apóstoles o a Jesús mismo declarando a alguien *indigno* de seguirlo? Y aun así, una mayoría de la iglesia de Jesucristo continúa peleando con celo notable para declarar indignos de seguir a Jesús y servir en la iglesia a los cristianos LGBT+, simplemente porque no concordamos en éticas sexuales.

La iglesia haría bien en prestar atención a la advertencia de Gamaliel en el libro de los Hechos y dejar de oponerse al movimiento de Dios entre las personas LGBT+ y a través de ellas. Si nuestro movimiento tiene orígenes humanos, fallará. Pero si es de Dios, entonces es seguro decir que la mayoría de la iglesia de Jesucristo está trabajando extremadamente duro para oponerse a Dios mismo y, por lo tanto, fallará.

Desde mi punto de vista, simplemente no hay duda de que cualquier movimiento de personas que deseen seguir a Jesús y ser parte de la comunión de fe es de Dios. No hay ninguna duda de que cientos de miles de personas cristianas LGBT+ por todo el mundo que se reúnen en lugares como Q Christian Fellowship Conference [Conferencia de la Confraternidad de Cristianos Q], el European Symposium of LGBT+ Christians [Simposio Europeo de Cristianos LGBT+] y The Reformation Project [El Proyecto de la Reforma] son evidencia del obrar continuo de Dios para poner de manifiesto el reino en la tierra así como es en el cielo. Mientras que las personas LGBT+, junto con otros grupos que han sido marginados a lo largo de la historia cristiana, continúen tomando su lugar legítimo en la iglesia, todo seguirá transformándose. Nuestra teología, que se ha centrado en y privilegiado lo europeo, heterosexual, masculino cisgénero, será deconstruida por completo, y en su lugar emergerá una vez más la subversión radical del Evangelio de Jesús. Este movimiento poderoso del Espíritu de Dios no puede y no será detenido, y a menos que la iglesia no inclusiva esté dispuesta a humillarse y arrepentirse de su ceguera, parece improbable que continúe perdiendo relevancia e influencia en el mundo (y gracias a Dios por ello).

Estamos viviendo en una era de la historia humana donde absolutamente *todo* está siendo transformado. Estamos al borde de un momento sin precedentes en el que aquellos que se han quedado sin voz durante miles de años están recuperándola para declararle la verdad al poder y desmantelar todos los sistemas de opresión que operan en la iglesia y en la sociedad en general. Tan solo mira a tu alrededor —millones de personas se están reuniendo en las calles de las principales ciudades del mundo para marchar por la igualdad de género, la justicia racial y la justicia económica. Más mujeres, personas de color y personas LGBT+ fueron elegidas durante las elecciones de medio término en EE. UU. del 2018 que nunca antes en la historia del país. Las naciones que aplican políticas públicas homofóbicas están siendo presionadas por la comunidad internacional para que cambien o enfrenten graves consecuencias. Hay mujeres, personas de color y personas LGBT+ que ahora están sirviendo en los niveles más alto de liderazgo en casi todas las denominaciones cristianas del mundo, incluida la Iglesia Episcopal, la Iglesia Metodista Unida, los Discípulos de Cristo, la Iglesia Unida de Cristo, la Iglesia Bautista Americana, la Iglesia de Inglaterra, la Iglesia de Irlanda, la Iglesia de Escocia e incluso la Iglesia Católica Romana. El mundo está cambiando, y para aquellos que tienen ojos para ver, parece que lo que dijo el Rev. Dr. Martin Luther King Jr. es cierto: "El arco del universo es largo y se dobla hacia la justicia".[2] Entre tantas crisis que enfrentamos como especie, hay un pequeño rayo de luz, un destello de esperanza; las estructuras opresivas que les dieron nacimiento a la mayoría de nuestras crisis finalmente están

2 Craig, "Wesleyan Baccalaureate Is Delivered by Dr. King", 4.

siendo desmanteladas y una sociedad radicalmente inclusiva está naciendo donde corresponde.

Dios se trae algo. Una reforma, una revolución, un avivamiento está tomando lugar en cada rincón del mundo. Como suele suceder, aquellos que son justos a sus propios ojos[3] son los que están ciegos al movimiento de Dios justo frente a sus ojos. Por otro lado, para quienes tienen ojos para ver y oídos para oír, parece que los mejores días de la iglesia están por delante, una era donde una vez más empecemos a reflejar la visión inclusiva de Jesús en el mundo.

El Evangelio de Jesucristo siempre se trató de esto: la redención de absolutamente todos a través de la inclusión en el reino de Dios. Que el poderoso viento del Espíritu de Dios se lleve lo que nos ciega y nos dé ojos frescos para ver como nuestro Creador, que declara a cada persona como un niño amado y que está de pie, con los brazos extendidos, esperando dar la bienvenida a todos y cada uno de nosotros y nosotras en casa.

---

3 Proverbios 21:2

APÉNDICE 1.

RESPUESTAS A PREGUNTAS Y OBJECIONES COMUNES

¿El tema de la identidad de género y la sexualidad es un problema para la ortodoxia cristiana?

Si por ortodoxia nos referimos al conjunto de doctrinas que definen el corazón de la creencia histórica cristiana, entonces no, la sexualidad y el género no son un problema para la ortodoxia cristiana. En los credos no hay ninguna mención sobre la ética sexual y en los concilios jamás se debatió la identidad sexual o de género como un asunto que determine la fidelidad de alguien. Francamente, si queremos dar un paso más allá de la ortodoxia tradicional y hablar sobre la ortodoxia bíblica, la única "creencia" que alguien debe expresar para ser "salvo", según Romanos 10:9, es la creencia de que "Jesús es Señor" y que Dios lo resucitó de entre los muertos, y conozco muchas personas de distintas identidades de género que profesan estos fundamentos todos los días de sus vidas. Que una persona le diga a otra que no puede creer en un paradigma teológico inclusivo y ser cristiana "ortodoxa" es absolutamente ridículo y no puede ser justificado por ningún estándar de la historia de la iglesia o las Escrituras. Además, la salvación es *solo por fe, solo por gracia, solo en Cristo, y* no por tener creencias correctas o incorrectas.

Creo que el primer paso verdadero al progreso será cuando

la iglesia anti-LGBT+ admita que los cristianos y cristianas LGBT+ son *reales*, auténticos hermanos y hermanas, y que la base de nuestra ortodoxia y salvación no es nuestra teología de la sexualidad, ética sexual o de género. Solo entonces —tal vez—, la iglesia se convierta en la comunidad de gracia que Dios desea, y quizás podamos saborear la unidad por la que Cristo oró.

¿Dios puede cambiar mi sexualidad o identidad de género? ¿Debería buscar el cambio?

Esta pregunta se pone complicada demasiado pronto. En primer lugar, cualquier pregunta que comience con "¿Dios puede..." no suele ser muy útil, porque claramente la respuesta es "sí". Si Dios es el creador eterno y sustentador de todo lo que existe, entonces es obvio que Dios *puede* hacer cualquier cosa. La pregunta más importante es "¿Dios *va a* cambiar tu sexualidad o identidad de género? ¿Deberías buscar 'sanar' o 'cambiar'?". En este caso, mi respuesta es un directo y conciso *no*. Durante la universidad, participé de un programa para sanar mi sexualidad queer —cada semana trabajamos eventos traumáticos de mi niñez y luego le pedía a Dios que trajera sanación a cada una de aquellas áreas con la esperanza de que, al sanar mi trauma pasado, pudiera sanar mi orientación sexual (esta teoría es una de las columnas principales de la "terapia de conversión"). Cuando trabajamos mis traumas e invitamos a Dios a traer sanación, y experimenté transformación, me volví insensible a algunas de mis heridas profundas y pude encontrar una verdadera cura y reconciliación con partes de mi historia. Pero después de un año entero de este trabajo de "curación", mi sexualidad no había cambiado ni un poco. De hecho, cuanto más completo y saludable me sentía, más seguro estaba de mi identidad sexual.

Mi historia claramente no es la historia de todas las personas —hay quienes realmente afirman haber sanado sus atracciones hacia personas del mismo sexo o disforia de género, y nunca buscaría invalidar la historia o experiencia personal de alguien, porque creo que, para muchas personas, la sexualidad y el género son fluidos; creo absolutamente que muchas personas pueden experimentar diferentes atracciones o identidades en diferentes intensidades a lo largo de sus vidas. Pero tener citas o relaciones sexuales con el sexo opuesto no quiere decir que has sanado; simplemente muestra la fluidez de la sexualidad y el género.

A partir de que creo que las sexualidades queer y las identidades de género son parte de la hermosa creación de Dios y reflejan su gloria, mi teología no tiene lugar para la creencia de que Dios *desea* cambiar la sexualidad o el género de alguien. Más bien, quiere llamarnos a que nos adentremos en nuestra identidad única y especial, porque es en nuestra unicidad y diversidad que reflejamos mejor la divinidad de Dios. Las personas LGBT+ no tienen razón para buscar un cambio en sus identidades o en cualquier componente de su ser, pues son hermosos reflejos de la creatividad de Dios tal y como son. El camino difícil es *aceptar* eso como verdad y creerla en lo profundo de nuestros huesos, a pesar de lo que la cultura, la sociedad o la iglesia anti-LGBT+ puedan decir.

Entonces, para ser claro, pienso que la terapia de conversión y los intentos para cambiar la sexualidad o identidad de género son, generalmente, dañinos, irresponsables psicológicamente, y espiritualmente abusivos. No encuentro razones bíblicas para que una persona LGBT+ busque cambiar lo que Dios hizo. En vez de eso, animaría a las iglesias no solidarias con estas identidades a escuchar cómo Dios intenta cambiar sus posturas hacia la comprensión de la inclusión LGBT+.

La tradición cristiana ha sostenido que las relaciones homosexuales son pecaminosas durante dos mil años. ¿Por qué deberíamos pensar que somos más sabios que la tradición?

Esta, quizás, es una de las preguntas más legítimas que me han hecho los cristianos no afirmantes de las identidades LGBT+ —especialmente anglicanos, católicos y de trasfondo ortodoxo, que consideran esta tradición como autoritativa. El argumento de que la iglesia ha estado de acuerdo la mayor parte de su historia sobre el tema LGBT+ es, en algún sentido, cierto. Las personas que han tenido más poder y a quienes se les dio el privilegio de definir la ortodoxia y la ética para la iglesia cristiana universal han condenado, de manera bastante uniforme, la homosexualidad. Pero allí yace el problema. Si bien creo que la tradición tiene un lugar en nuestro discernimiento teológico, no creo ni por un segundo que podamos justificar una creencia con base en que es lo que la mayoría de las personas han creído.

Durante la mayor parte de la historia de la iglesia, no

estar de acuerdo con la enseñanza oficial de (cual fuere) la denominación cristiana principal de tu país no era un asunto de debate, sino que impactaba en tu facultad para vivir libremente en sociedad. Si se te declaraba "hereje", podían encarcelarte o asesinarte. Como te puedes imaginar, es una manera bastante efectiva para crear uniformidad en un grupo de personas. Sin embargo, no significa que las personas no hayan sido librepensadoras antes y no hayan dudado o rechazado las "enseñanzas oficiales" desde el principio, sino que mantuvieron sus dudas en silencio para preservar sus propias vidas.

Si el cristianismo no hubiera sido cooptado por el imperio, creo firmemente que habría *millones* de denominaciones más y más versiones del cristianismo alrededor del mundo. También creo que la pregunta sobre la homosexualidad y el género habría sido abordada por el cristianismo "principal" hace cientos (si no miles) de años.

Las personas que se dedican a estudiar la historia de la iglesia saben que todo lo que hoy se considera "ortodoxia" es producto de la influencia imperial: los primeros padres de la iglesia que fueron nombrados para los concilios de Nicea, Calcedonia, etc. demostraron ser fieles al emperador. Cuando aquellos concilios formularon las declaraciones doctrinales ahora conocidas como los "credos", buscaban crear uniformidad en aras de unificar un imperio cristiano santo. La motivación, por lo tanto, no era pura. Esta es precisamente la razón por la que los concilios se tomaron la acusación de herejía tan seriamente: no era una amenaza espiritual para los laicos, sino una amenaza tangible hacia la lealtad imperial. Tanto en sus días como en los nuestros, la diferencia es peligrosa y la conformidad es el rey cuando se trata de mantener el poder y los privilegios.

Tampoco es cierto decir que la iglesia siempre ha tenido unidad con respecto a la sexualidad y el género: siempre ha habido puntos de vista divergentes, incluso entre los llamados "ortodoxos", y nuestra comprensión de la sexualidad y el género ha evolucionado significativamente, incluso en las iglesias conservadoras de hoy.

Finalmente, si creemos en la premisa subyacente de todo este libro, que el Espíritu de Dios todavía está hablando y revelando verdad progresivamente a lo largo del tiempo, debemos estar dispuestos a desafiar y dejar atrás los entendimientos tradicionales para ver la imagen completa de lo que Dios desea. La iglesia siempre ha estado dispuesta a cambiar su perspectiva cuando es impulsada por el Espíritu —ya sea en temas sociales como con las mujeres y la esclavitud, o en una plétora de otros temas teológicos importantes, como los que se debatieron durante la reforma protestante y el Vaticano II. La tradición debería informar nuestro estudio de teología y ética, pero no puede ser un ancla que nos fije en creencias y éticas obsoletas y arcaicas que causan daños tangibles a los demás e impiden la expansión del reino de Dios. En última instancia, me quedo en paz, sabiendo que, dado que Jesús transgredió constantemente la tradición judía antigua, que es de donde provenía, estamos en buena compañía cuando cuestionamos y transgredimos nuestra propia tradición cristiana, si esto significa pasar de la exclusión al abrazo.

¿Cómo podemos abordar el tópico de la inclusión transgénero en la iglesia? Parece totalmente diferente a la discusión de la inclusión LGB.

Creo que es absolutamente correcto decir que el tópico de la inclusión transgénero es totalmente diferente que la inclusión LGB, porque estamos hablando sobre la *identidad de género* como opuesta a la *orientación sexual*. Las personas trans pueden caber en cualquier lugar del espectro sexual, desde heterosexual a gay o asexual, tal y como cualquier otra persona. Debido a que la identidad transgénero, por lo general, no tiene nada que ver con la sexualidad, los argumentos teológicos para su inclusión en la iglesia son completamente diferentes de aquellos para la sexualidad queer. No voy a pretender ser un experto en explicar la teología para la inclusión transgénero, y hay muchos que han hecho un mejor trabajo de lo que jamás podre hacer.[1]

Sin embargo, en realidad creo que la inclusión transgénero en la iglesia es una posición mucho más fácil de argumentar, porque es más evidente. El cristianismo sostiene que, en la caída de la humanidad en el pecado, cada aspecto de la creación fue impactado. Un pecado da a luz a todas las dificultades que afronta la humanidad. Es bastante fácil creer que hubo un buen número de personas que pueden haber nacido en un cuerpo que no es congruente con su identidad interna. Muchas personas trans experimentan disforia de género, un término psicológico que se refiere a

---

1 El mejor recurso en este tópico es *Transformadxs,* un libro escrito por mi amigo Austen Hartke, un teólogo transgénero.

la profunda angustia que produce vivir la vida en un cuerpo que se presenta como diferente a su verdadera identidad. No creo que la disforia de género sea el deseo de Dios para nadie, y creo que el viaje de las personas transgénero para reconciliar su identidad interna con su identidad física es un proceso santo y bueno. A menos que nos atrevamos a decir que *todos los intentos* de cambiar el cuerpo de alguna manera son pecaminosos —incluyendo la cirugía y la medicina—, entonces, ¿cómo podemos decir que el viaje de una persona trans para alinearse con lo que Dios hizo de ella es algo menos que un proceso santo? De nuevo, no soy un experto en teología transgénero y, al final del día, mi recomendación es escuchar y aprender de un número creciente de líderes trans que están subiendo contenido a plataformas públicas, como mis amigos Paula Stone Williams, Allyson Robinson y Austen Hartke, quienes articulan su experiencia personal y su propio viaje para reconciliar su fe e identidad de género de modos poderosos.

¿Qué es una ética sexual cristiana progresista y liberadora?

Cuando empezamos a repensar nuestra comprensión de la sexualidad y el género como cristianos, es natural que también revisemos nuestra ética general del sexo y las relaciones, dado que están fundamentalmente vinculados. Conozco unos cuantos cristianos LGBT+ y aliados que se esfuerzan increíblemente por mantener un control estricto sobre la "ética sexual conservadora" mientras se apoyan en su teología de la inclusión, pero, francamente, no creo que sea un camino sostenible o consistente. Si aceptamos que el Espíritu Santo está trabajando para deconstruir los sistemas que han oprimido a la humanidad por siglos, a saber, el patriarcado, también debemos examinar cómo este ha moldeado nuestro entendimiento del sexo y las relaciones. Hay muchos teólogos brillantes y eticistas que han hecho y están haciendo este trabajo (incluyendo a Margaret Farley, Patrick Cheng, Marcella Althaus Reid, Nadia Bolz Weber, y Matthias Roberts), pero, por el bien de la brevedad, solo les daré un rápido sumario de mi perspectiva.

Primero, la mayoría de lo que la iglesia ha condenado a lo largo de la historia tiene poca o ninguna base bíblica. Por ejemplo, si le preguntas a casi cualquier cristiano tradicional si el sexo premarital es pecaminoso, inmediatamente dirán "¡SÍ!". Pero pídeles que te muestren de qué lugar de la Escritura lo obtienen, y estarán forzados a admitir que *no hay ni un solo versículo que diga que el sexo solo está destinado para una relación matrimonial.* De hecho, todos los pasajes bíblicos que han sido traducidos con la palabra "fornicación" —que quiere decir "sexo fuera del matrimonio"— se han vuelto a traducir en muchas Biblias modernas porque los académicos se dieron cuenta de que el término griego original (*porneia*) en realidad no tiene una definición clara, pero, en su contexto, se refiere a relaciones sexuales con una prostituta (la raíz de *porneia* es un término griego que significa "arcada", que hace referencia al lugar físico en donde los individuos compraban favores sexuales de prostitutas). Generalmente, las únicas condenaciones claras de la actividad sexual en la Escritura están enraizadas en el patriarcado o en comportamientos que la mayoría de la gente a lo largo de la historia (hasta estos días) condenaría: sexo con los padres, sexo entre hermanos, sexo con animales, etc. Así que, si vamos a ser honestos sobre lo que enseña la Biblia, tenemos que admitir que dice *muy poco* sobre ética sexual.

Con eso dicho, baso mi ética sexual personal en Romanos 14, un pasaje donde Pablo aborda la división que había en la iglesia a raíz de cuestiones éticas de la cultura (hoy, algunas personas piensan que solo debemos comer vegetales y otras que está bien comer carne; algunas personas creen que se deben celebrar algunos días como santos, otras consideran que todos los días son santos). Pablo instruye a la iglesia a escuchar la voz de su consciencia, la voz de Dios dentro de nosotros, la ley de Dios escrita en nuestros corazones. Si algo parece violar nuestra conciencia, Pablo dice que, entonces, es pecado. Pero si algo no viola nuestra conciencia, aunque alguien más piense que es pecado, entonces no deberíamos temer al juicio ni tampoco emitirlo.

Es un pasaje hermoso que refleja la cruda realidad de la ética y la moral (siempre son hipercontextuales y basadas en las circunstancias y experiencias). Creo que hay ciertas virtudes troncales que la Escritura bosqueja —suelo mirar la lista que Pablo llama "el fruto del Espíritu"— y me pregunto si mis acciones reflejan esos valores. Si lo hacen, tengo una buena razón para creer que es moral y ético. Si no, entonces quizás no. Si buscamos encarnar estos valores, se verán diferentes en cada una de nuestras vidas, pero el llamado es animarnos unas a otros a intentar honrarlos y negarnos a avergonzar o juzgar a aquellos que llegan a conclusiones diferentes a las nuestras.

Entonces, cuando preguntamos, por ejemplo, si el sexo premarital es un pecado, nos invitaría a reflexionar sobre si el sexo premarital encarna amor, gozo, paz, paciencia, amabilidad, bondad, fidelidad, humildad y dominio propio. Si para ti *lo encarna*, entonces, ¿cómo podríamos llamarlo pecaminoso? Para algunas personas, o en ciertas circunstancias, nuestro impulso a tener sexo puede ser avaro, egoísta y una mera búsqueda de placer, porque despreciamos el valor de la otra persona. Ese tipo de sexo claramente no es ético ni moral; viola el modo en que Dios nos ha cableado para que interactuemos.

Muchos cristianos y cristianas no inclusivos dirán que este es un terreno que puede llevar a expresiones de sexo abusivas y poco saludables, tales como la pedofilia o la zoofilia —algo que, obviamente, es absurdo. No hay, literalmente, *ningún modo* en que el tener sexo con un menor o un animal encarne los valores del corazón del Evangelio; por lo tanto, no se puede argumentar bajo ningún punto de vista una posición cristiana coherente para avalar tales prácticas.

Entonces, para resumir, creo que si nos centramos en los valores del Nuevo Testamento y buscamos vivirlos de manera fiel en nuestras vidas (y dejamos de intentar que las reglas éticas se cumplan en las vidas de los demás), me parece que es probable que personifiquemos la salud, la integridad y la santidad en las maneras en que participamos de la actividad sexual.

¿Cómo deberían pensar los cristianos las relaciones no monógamas?

Esta pregunta es quizás la más controversial en las conversaciones teológicas moderna alrededor de la ética sexual, pero a mi parecer es una de las más fáciles de responder. Mientras que es absolutamente cierto que la *mayoría* de las relaciones a lo largo de la historia humana y de la tradición cristiana se han centrado en la unión entre dos personas, también es cierto que la monogamia no es la única ecuación para las relaciones humanas, tanto en la sociedad como en la tradición cristiana. A lo largo de la Biblia, hay docenas de ejemplos de relaciones no monógamas que son consideradas como aceptables e incluso bendecidas. Ni la Biblia hebrea ni el Nuevo Testamento condenan las relaciones no monógamas. En diferentes culturas alrededor del mundo, las relaciones no monógamas han sido normativas durante miles de años y solo empezaron a ser vistas como problemáticas cuando los colonizadores cristianos europeos aparecieron en sus costas y las declararon como tales.[2]

En el corazón de la ética relacional cristiana debería estar el valor del compromiso y los acuerdos, y muchas relaciones no monógamas están centradas en un compromiso duradero de más de tres personas que unen sus vidas para caminar juntos. Lógica y éticamente, no puedo ver ninguna razón para considerar tales relaciones como no éticas o pecaminosas.

La angustia en torno a esta pregunta proviene de un profundo

---

2 Para algunos ejemplos modernos de relaciones no monógamas alrededor del mundo, chequea https://www.matadornetwork.com/life/non-monogamy-around-world/.

malentendido entre los cristianos sobre qué es el *poliamor*, la forma más prominente de relación no monogámica en el mundo occidental. La mayoría de las personas poliamorosas que he conocido dirían que han sido conformadas para formar relaciones profundas, comprometidas y amorosas con más de una persona. Las relaciones que establecen pueden incluir a otras dos o tres personas, y todos esos individuos están de algún modo comprometidos entre sí. El poliamor, por lo tanto, no es equivalente a promiscuidad. Si las personas se unen en relaciones comprometidas, creo que están honrando el paradigma bíblico de compromiso, más allá de la cantidad involucrada.

El poliamor tampoco es poligamia —las personas realmente poliamorosas buscan darle a cada integrante igual cantidad de poder en la relación, mientras que en la poligamia se le da a un hombre el poder por sobre muchas mujeres, reforzando así una manifestación dañina del patriarcado. De nuevo, no soy experto en esto, y sé que muchos cristianos, incluso progresistas, no están dispuestos a pensar esta pregunta. Pero quiero reiterar el mensaje de este libro y decir que, si creemos que el Evangelio es radicalmente inclusivo, debemos buscar hacer espacio incluso a la más pequeña de las minorías, y estar dispuestos a estar en relación con ellas y pensar sobre nuestras creencias y cosmovisiones a la luz de su experiencia. Conozcan a cristianos y cristianas poliamorosos, como la Rev. Rachelle Brown, y permitan que Dios enseñe y hable a través de sus historias y vidas. No tienes que acordar con nadie —solo escucha y aprende. Podrías sorprenderte de lo que Dios te revele.

¿Cómo deberíamos responder a cristianos y cristianas "lado B"?

Tengo amigos, amigas y colegas que se identificarían como cristianos "lado B". Así se les llama en la comunidad cristiana gay a las personas que creen que no es pecado "ser gay" o experimentar atracción por personas del mismo sexo, sino que el pecado está en actuar en respuesta a esa atracción. Los cristianos y cristianas "lado A" son afirmantes de las identidades LGBT+ y creen que no es pecaminoso expresar una sexualidad o género queer y ser seguidores fieles de Jesús.

Los individuos lado B apoyan el celibato o contraen matrimonios de orientación mixta —en los que una persona que se siente atraída por su mismo sexo contrae matrimonio con alguien del sexo opuesto para honrar sus convicciones de que la heterosexualidad es el único paradigma adecuado para un matrimonio. Honro las historias y elecciones de estas personas para vivir sus vidas así, pero estoy en absoluto desacuerdo con esta teología y creo que es profundamente dañina cuando se defiende como la más fiel o como el único camino para las personas LGBT+. Creo que algunas personas están llamadas al celibato, pero justamente es un *llamado* y no un requisito obligatorio. Creo que algunos de estos matrimonios funcionan realmente bien y son satisfactorios para las personas involucradas. Pero declarar que esto es lo que Dios desea para todas las personas LGBT+ no es bíblicamente fiel, psicológicamente saludable, ni realista. La Escritura proclama que los humanos están hechos para relacionarse —relaciones íntimas, sexuales— con otros seres humanos. Esta es una parte regular del diseño y desarrollo dado por Dios. Decir que Dios creó a millones de personas LGBT+ con deseos sexuales e impulsos relacionales de intimidad, pero a la vez prohibirles expresar estos aspectos de su humanidad, es cruel y desleal.

El daño verdadero de la narrativa del lado B es que se vuelve la historia principal que las iglesias no inclusivas abrazan, y aman contarla para parecer "recibidoras", pero en realidad no distan en nada de las teologías de exclusión más severas. Permiten que las personas "sean gay", pero les dicen que su sexualidad está dañada, rota, y que no pueden expresarla en sus vidas. Si las personas expresan su sexualidad y entablan relaciones con otras de su mismo sexo, son consideradas pecadoras y se las excluye de su lugar legítimo en la mesa de la gracia. Como lo expresa de manera tan acertada (aunque grotesca) mi amigo, el pastor Colby Martin, es "mierda cubierta de chocolate". La teología y el enfoque parecen dulces y atractivos, pero en el interior sigue siendo la misma teología de exclusión horrible y destructiva.[3]

Más allá de mis fuertes opiniones sobre este tema, la realidad muestra que los cristianos y cristianas lado B existen, y también tiene que haber lugar para ellos en la mesa. Si bien siempre me apresuraré a denunciar los daños de su paradigma teológico, también debo asegurarme de que sus historias y vidas sean honradas junto a las de todos los demás. Creo firmemente que siempre debe haber espacio en nuestras iglesias y nuestra teología para los cristianos lado B,

---

3 Ver Martin, "The Newest Non-LGBTQ-Affirming Approach" [El nuevo abordaje no afirmante LGBTQ].

pero su posición no debe ser vista como *normativa* o como *la mejor* expresión de fe y sexualidad para la mayoría de los cristianos y cristianas LGBT+, ya que creo que perpetúa la misma teología opresiva de la que Cristo busca liberarnos. El lado B suele ser un paso necesario en el viaje teológico de una persona, pero no debería ser visto como el *fin* de ese viaje.

¿Cómo puedo ser un buen aliado para la comunidad cristiana LGBT+?

Hay un movimiento creciente de aliados y aliadas heterosexuales dentro de las comunidades cristianas, que defienden con pasión a sus hermanos y hermanas LGBT+ en Cristo, ¡y estoy increíblemente agradecido por ello! Pero es importante preguntarse cómo ser un aliado efectivo o "bueno", porque a menudo algunos son demasiado apasionados, al punto de llegar a cruzar ciertos límites y a hacer cosas que pueden ser bienintencionadas pero que causan daño a las personas LGBT+ que buscan ayuda.

Uno de los errores más grandes que veo cometer una y otra vez a los aliados y aliadas es que, cuando se sienten apasionados por ayudar a las personas LGBT+, inmediatamente buscan construir una plataforma, ya sea pública o dentro de su comunidad, para enarbolarse como "defensor o defensora". A veces, a través de publicaciones en blogs, o escribiendo libros, organizando eventos de charlas, comenzando organizaciones sin fines de lucro, liderando grupos centrados en temas LGBT+, etc. Ahora, obviamente, hay lugar para que los aliados y aliadas heterosexuales tengan plataformas y hablen sobre la inclusión LGBT+ a audiencias que pueden nunca haber escuchado hablar a personas LGBT+. Pero, más a menudo de lo que parece, hay personas LGBT+, que ya están listas y capacitadas para hablar y actuar activamente por su propia inclusión, a las que se les niega la plataforma simplemente por su identidad, y cuando la multitud de aliados heterosexuales avanzan y construyen plataformas sobre *nuestras* historias y experiencias, en realidad solo perpetúan el sistema de opresión contra las personas queer.

Uno de los roles principales de aliados y aliadas no debería ser el de voceros para los sin voz, *sino el de devolverles la voz a los sin voz*; usar su privilegio heterosexual o cisgénero para hacer que las personas queer accedamos a espacios y plataformas donde podamos tener un lugar en la mesa, donde podamos compartir *nuestras* propias experiencias, y donde podamos ser vistos y escuchados como seres humanos y cristianos y cristianas legítimos. Nuevamente, esta es la manera en la que la investigación ha demostrado que ocurre el cambio —no a través de compañeros heterosexuales que discuten teología o hablan en nuestra defensa, sino a través de personas LGBT+ que *cuentan sus propias historias y su propia verdad*. Estratégicamente, este es el camino más efectivo para crear el cambio, y desde una perspectiva de justicia, creo que es el camino *correcto y justo*.

Otro rol para aquellos de ustedes que son aliados y aliadas es buscar hacer su propia investigación de la comunidad queer, nuestra historia y nuestra cultura. Por lo general, cualquier grupo minoritario expresará frustración sobre la necesidad de seguir "educando" a los grupos dominantes sobre su experiencia de la realidad —se vuelve exasperante y frustrante explicar una y otra vez cuándo me identifiqué con la palabra "queer", por qué tenemos los desfiles de orgullo, y cuáles son mis razonamientos teológicos para ser cristiano y gay. Para mí, es refrescante y de bendición cuando interactúo con un aliado que claramente ha hecho la tarea y tiene una buena cantidad de información de lo que significa ser un cristiano LGBT+. Un gran ejemplo de una aliada bien informada es Kathy Bladock, una mujer heterosexual cisgénero que ha pasado años apoyando personas LGBT+ y haciendo su propia y extensa investigación.

El último papel crucial como aliado o aliada es que seas parte del sistema de apoyo para las personas LGBT+ que conozcas. Solemos experimentar mucho rechazo. Solemos dudar de pedir ayuda cuando nos agobia la soledad o nos deprimimos. Los aliados y aliadas que dan un paso al frente y ofrecen hospitalidad, aliento y apoyo se convierten en profundos canales de sanación y redención en las vidas de las personas LGBT+. Tener el apoyo de los demás y saber que nos respaldarán si alguna vez nos enfrentamos a la marginación o al rechazo por ser quienes somos es uno de los regalos más poderosos que puedes darle a una persona LGBT+. Al final del día, animo a los aliados y aliadas a que simplemente *hagan todo lo posible* y *sigan estando* para sus hermanos LGBT+. Te necesitamos, te amamos y te agradecemos.

APÉNDICE 2.
ESCRITOS SELECTOS SOBRE INCLUSIÓN

He estado escribiendo sobre el tópico de la inclusión LGBT+ en la arena pública durante casi ocho años. Defendí el matrimonio civil igualitario y critiqué a líderes políticos que perpetuaron ideales patriarcales dañinos, siempre intentando ser práctico e inspirador para la persona promedio que pueda estar leyendo una porción de mis textos. Tengo la esperanza de que algunos de estos escritos sean de ayuda para ti, conforme te mueves desde la reflexión de los aspectos técnicos de esta conversación —ya sea que exploremos el contexto cultural, el lenguaje y/o la teología— hacia una aplicación práctica de una teología de la inclusión en tu propia vida y mundo.

"Dios está en movimiento: respuesta evangélica a la sentencia de la Suprema Corte de Justicia de EE. UU. por la igualdad"
Huffington Post, 26 de junio de 2015

Hace tan solo unos años, estaba parado en los escalones de la corte suprema cuando se anunciaba la sentencia sobre el matrimonio igualitario. El peso del momento era demasiado. La oleada de alegría y paz que fluyó a través de mi cuerpo me tomó por sorpresa. Mientras escuchábamos el eco de las palabras de los anunciadores en la plataforma de mármol, me hice plenamente consciente de que esto era mucho más que un cambio en nuestras leyes. Estaba ocurriendo algo mucho más grande.

Como seguidor de Jesús, me di cuenta de que esta sentencia por la igualdad era un resultado innegable de que el Espíritu de Dios se mueve entre nosotros y nosotras, llamando a su iglesia, a nuestra nación, y a nuestro mundo hacia la redención, la reconciliación y la restauración. A lo largo de toda la historia humana, hemos visto cómo el Espíritu nos fue llevando cada vez más hacia una visión de un mundo renovado donde reina la justicia, la igualdad y la belleza. Jesús llamó a esta nueva realidad "el reino de Dios".

A medida que los sutiles vientos del Espíritu de Dios continúan soplando a nuestras espaldas, haciéndonos avanzar cada vez más hacia un mundo verdaderamente justo e igualitario, creo que continuaremos viendo momentos como este, donde las minorías oprimidas finalmente participarán de la dulce experiencia de liberación.

Aunque muchos de mis hermanos y hermanas evangélicos puedan no estar de acuerdo, al trabajar entre la comunidad LGBT+ y líderes evangélicos en el último año, me he convencido absolutamente de que todo el cambio que vemos no es el resultado de cristianos y cristianas que se arrodillan ante modas culturales, sino que despiertan a lo que Dios está diciéndole a nuestro mundo. Y lo que Dios está diciendo es que todas las personas —gay, heterosexuales, bisexuales, lesbianas, queer, transgénero, asexuales o quienes aún tienen dudas— somos creadas a Su imagen eterna, expansiva y creativa; por nuestra parte, deberíamos abrazar esta realidad, darle la bienvenida y dignificarla como tal. La sentencia que hemos visto hoy es un movimiento colosal del Espíritu de Dios, pero todavía tenemos mucho por recorrer.

En la iglesia evangélica debemos continuar trabajando para ayudar a nuestra gente a que aprenda a compartir correctamente la palabra de verdad, instruyéndoles sobre cómo interpretar correctamente el mensaje bíblico con base en el contexto y en una teología del progreso. Debemos continuar llamando a miles de lectores evangélicos que ya han cambiado sus mentalidades sobre cuestiones de inclusión LGBTQ a que den un paso al frente, sin importar cual sea el costo, porque es nuestro deber como seguidores de Jesucristo sacrificar nuestro interés y confort propio para el bien de los oprimidos.

A nivel civil, como estadounidenses, es claro que también tenemos mucho trabajo que hacer antes de poder decir que nuestro país es verdaderamente igualitario para todas las personas LGBTQ. Según GLSEN [en español, Red de educación de gay, lesbianas y heterosexuales], en veintiocho estados del país, las personas LGBTQ todavía pueden ser despedidas de sus trabajos a causa de su orientación sexual. En ocho estados, los currículos inclusivos LGBTQ están prohibidos en las escuelas. En treinta y dos estados, las escuelas tienen muy poca o ninguna protección contra el acoso hacia estudiantes LGBTQ. Entonces, si bien esta sentencia por la igualdad es necesaria e importante, todavía hay mucho trabajo para hacer en nuestra nación para asegurar que la igualdad y la justicia sean una realidad para las personas LGBTQ.

Y, como miembro de la comunidad LGBTQ, hoy es una ocasión increíblemente gozosa. Durante demasiado tiempo, hemos sufrido marginación y opresión de parte de la sociedad, el gobierno y las instituciones religiosas de este país. Aunque el movimiento LGBTQ ha estado creciendo en influencia y preeminencia durante la última década, todavía somos un pueblo al que se le negaron derechos básicos como ciudadanos, que ha sido un asalto fundamental a nuestra dignidad humana.

La sentencia de hoy marca un momento de cambio en la conciencia de nuestra nación, donde, desde los más altos niveles de poder en nuestro país, las personas LGBTQ y nuestros matrimonios son vistos como dignos del mismo respeto y estatus que todos los demás. Este día se ha hecho esperar, pero estoy increíblemente agradecido de que finalmente llegara.

Dios está en movimiento.

"Un testigo de la igualdad"
Discurso en la catedral nacional de Washington
Patheos, 1 de julio de 2015

El siguiente discurso fue pronunciado por Brandan Robertson en la catedral nacional en Washington D. C. el 30 de junio de 2015, como parte del Service Honoring the Road to Equality [Servicio que honra el camino hacia la igualdad].

Esta noche, nos reunimos en este espacio sagrado para dar gracias a Dios por el amanecer de un *nuevo día* en nuestra nación. Un día que muchos en este cuarto, si se los hubiera preguntado hace algunos años, no hubiesen creído llegar a ver.

Nos reunimos aquí para celebrar la sentencia de la corte suprema que afirma la dignidad e igualdad fundamental de cada hijo e hija de Dios, de las diversas orientaciones sexuales e identidades de género.

Esta noche, también nos reunimos para recordar a aquellos y aquellas cuyas vidas se desvanecieron como el vapor, se fueron demasiado pronto, antes de que pudieran ver este hermoso día.

Esta noche, estoy aquí ante ustedes y con ustedes con un corazón rebosante de gratitud y aprecio, tanto a Dios como a las miles de personas que han luchado con sus vidas para asegurar que el sueño de la igualdad algún día se convirtiera en nuestra realidad.

Amados y amadas, esta noche *es* nuestra realidad.

Hace tan solo diez años, una mayoría de personas de fe en este país predicaban un mensaje de exclusión y condena hacia las personas LGBTQ. La mayoría de nuestros líderes políticos y legisladores decían que las relaciones entre personas del mismo sexo violaban la santidad del matrimonio.

Hace tan solo diez años, una noche como esta noche hubiera sido inimaginable. Y, aun así, *aquí estamos*, todo ha cambiado para bien.

Mi viaje hacia llegar a términos con mi sexualidad queer y volverme un defensor y activista por la igualdad ha sido más bien corto.

Hace tan solo seis años, me podrían haber encontrado en una noche como esta en una esquina en Baltimore, sosteniendo un cartel que rezaba "ARREPIÉNTETE" y predicando acerca de los daños del "estilo de vida gay".

Yo, como mucho de ustedes, crecí con la enseñanza de que mi orientación sexual estaba fallada y era pecado, y que para ser un cristiano fiel o una persona íntegra, necesitaba pararme firme contra la "agenda gay" que buscaba socavar los "valores bíblicos" en la que está basada nuestra nación.

Nunca tuve la oportunidad de siquiera soñar con un día donde pudiera ser capaz de casarme legalmente con una persona de mi mismo sexo, mucho menos creer que seria bendecido por mi país y por mi Dios.

Pero, con los años, conforme mi propia relación con Dios crecía en profundidad y madurez, mientras estudiaba las Escrituras y se me daba la oportunidad de conocer a muchas personas LGBTQ hermosas, todos los mensajes que me habían enseñado sobre la sexualidad y la igualdad comenzaron a disolverse. No retenían el agua. No coincidían con la realidad.

Intenté retener las enseñanzas de mi juventud todo lo que pude. Desde acudir a consejeros religiosos, hasta versiones de terapias de conversión o a cortar relación con cualquiera que se identificase abiertamente como gay.

Sin embargo, mientras más me aislaba y trataba de "arreglarme", más sentía al Espíritu de Dios empujarme gentilmente a dejar de luchar y a abrazarme así, tal como fui *creado desde un principio*. Soy, en las palabras dichas por la boca de Dios en la historia de la creación, *"muy bueno"* así como soy, con toda mi complejidad.

Mi viaje de seis años me llevó de sentirme aprisionado y

abrumado por la forma en que Dios me hizo, hasta este lugar, donde me siento completamente vivo y con más esperanza que nunca.

Mi viaje me ha traído a este lugar donde, esta noche, parado frente a ustedes, como un cristiano comprometido y un hombre abiertamente queer, parte de una sociedad donde, cada vez más, puedo vivir libremente y abrazar esto que Dios hizo de mí sin miedo, juicio u opresión. ¡Qué asombroso lo que Dios ha hecho!

La sentencia que la corte suprema dictó por la igualdad la semana pasada significa que, sin importar de quién me enamore, se nos darán los mismos derechos y beneficios que a cualquier pareja heterosexual de esta nación.

Significa que si quisiera comenzar una familia con una pareja del mismo sexo, nuestra familia será reconocida y afirmada por nuestra sociedad. Que nuestro matrimonio ya no necesita calificativos. No es un matrimonio de homosexuales ni un matrimonio de lesbianas. Es *matrimonio. Punto.*

Significa que mis hijos crecerán en una nación donde su familia no será vista como "menos que" o "disfuncional", sino más bien como una de las muchas expresiones hermosas que el amor puede tomar.

La decisión del viernes fue un paso muy necesario y hermoso hacia adelante, pero también consideremos que, en medio de nuestra celebración, aún queda mucho trabajo por hacer.

Porque todavía vivimos en una nación donde, en casi treinta estados, las personas LGBTQ *todavía* pueden ser despedidas a causa de su orientación sexual o identidad de género. En el mismo número de estados, hay poca o ninguna protección para los niños LGBTQ contra el acoso escolar.

Y más allá de los problemas relativos a la sexualidad, todavía vivimos en un país plagado de racismo, como se nos recordó tan brutalmente hace tan solo algunas semanas atrás con los horrendos eventos en Charleston, South Carolina, o por las iglesias históricas afroamericanas que fueron quemadas hasta los cimientos por todo el sur de los EE. UU. esta misma semana.

De hecho, nosotros como pueblo continuamos dando pasos gigantes hacia la justicia, pero todavía tenemos un *largo camino por delante*.

Fuera de nuestra celebración y acción de gracias de esta noche, espero que nos levantemos con mayor determinación para presionar más y más fuerte por la justicia y la igualdad para todas las personas, tanto en nuestra nación como en todo el mundo.

Que esta victoria que hemos obtenido nos impulse a trabajar más duro por la victoria y dignidad para todas las personas en la familia humana.

Para terminar, quiero hacer una observación más. Creo firmemente que todo este movimiento hacia la justicia es parte de algo mucho más grande de lo que jamás podremos comprender. Creo que la sentencia del viernes es solo una parte más de un movimiento poderoso y continuo del Espíritu de Dios, que llama hacia adelante a la humanidad; nos llama a una realidad más justa, más igual, más diversa y más hermosa.

Creo que esta sentencia por la igualdad, este cambio a lo

largo de la nación en el modo en que son vistas las relaciones entre personas del mismo sexo, incluso los cambios individuales que toman lugar en los corazones y mentes de millones de personas en nuestra nación, es una parte de algo que Jesús llamó *el reino de Dios*. Dicho de otra manera, todo esto es parte de la humanidad que madura y se vuelve *más* plenamente humana, *más* conectada con Dios y *más* unificada entre sí en toda nuestra diversidad y elegancia.

Como pueblo, estamos evolucionando y moviéndonos hacia adelante. Nuestro mundo se está haciendo más complejo y más misterioso. Dios tiene algo GRANDE. Y este río torrentoso de progreso *no puede* ser detenido. Es una llama que *no será* extinguida.

Qué gran privilegio es para nosotros y nosotras ser parte de este día tremendo.

En este espíritu, continuemos marchando hacia adelante, llenos de pasión y amor, moviéndonos al ritmo del Espíritu de Dios, para hacer de nuestras vidas, comunidades, nación y de nuestro mundo un lugar donde el amor tiene la victoria definitiva.

En efecto, ha nacido un nuevo día. Gracias a Dios, hemos llegado hasta aquí para ser parte de él.

"El peligro de la teología desencarnada"
Del blog *Nomad* en *Patheos*, 14 de enero de 2016

Luego de pasar casi toda una semana juntos en "oración", los primados de la comunión anglicana han emitido un comunicado pidiendo "disciplina" oficial a la iglesia episcopal de Estados Unidos hasta que se arrepienta de los cambios que ha hecho en su posición doctrinal sobre el matrimonio. En un comunicado emitido el jueves, señalaron:

> Los desarrollos recientes en la iglesia episcopal con respecto al cambio en su canon sobre el matrimonio representan una desviación fundamental de la fe y la enseñanza sostenida por la mayoría de nuestras Provincias [anglicanas] acerca de la doctrina del matrimonio.

Y continuaron:

> La doctrina tradicional de la iglesia, en vista de la enseñanza de las Escrituras, sostiene el matrimonio entre un hombre y una mujer en unión fiel y de por vida. La mayoría de los reunidos reafirman esta enseñanza.
>
> … Dada la seriedad de estos asuntos, reconocemos formalmente esta distancia al exigir que durante un período de tres años la iglesia episcopal ya no nos represente en los órganos ecuménicos e interreligiosos, no sea nombrada o elegida para un comité permanente interno y que, mientras participa en los organismos internos de la comunión anglicana, no sean parte de la toma de decisiones sobre ningún tema relacionado con la doctrina o la política.[1]

A nivel global, las posiciones de la iglesia sobre el matrimonio entre personas del mismo sexo y sobre la inclusión LGBTQ+ han variado. En Estados Unidos, una mayoría creciente de cristianos y cristianas apoyan

---

1 Citado en Handley, "Primates Distance Themselves from the US Episcopal church in Official Statement".

completamente las relaciones entre personas del mismo sexo. Esta tendencia también está reflejada en el Reino Unido, Australia y Nueva Zelanda. Sin embargo, la mayoría de los cristianos y cristianas alrededor del planeta aún están en contra de las relaciones entre personas del mismo sexo. Hay muchas razones para esta realidad, incluyendo una falta de educación sobre temas de sexualidad e identidad de género, una falta de exposición al discurso teológico en estos asuntos y una falta de aceptación cultural de las relaciones sexuales entre personas del mismo sexo.

Siempre que observo a grandes organizaciones cristianas hacer declaraciones como la publicada en el encuentro de primados, también me pregunto a cuántas personas LGBTQ + conocen estos líderes. Estas declaraciones no solo reflejan una falta de educación y comprensión, sino que también revelan una gran cantidad de miedo arraigado en la ignorancia. Si bien no dudo ni por un segundo que los primados reunidos creen de verdad que las Escrituras enseñan que el matrimonio es exclusivamente entre un hombre y una mujer, también soy consciente de que estos líderes probablemente nunca se hayan tomado el tiempo para examinar y escuchar sobre la vida y las historias de quienes nos identificamos como cristianos y cristianas LGBTQ+.

Si el cristianismo tiene una característica a resaltar es la de ser encarnacional. Nuestra fe está enraizada en la historia de Dios, que se vuelve humano y experimenta la vida entre personas de carne y hueso, como nosotros y nosotras. La fe cristiana está enraizada en el principio de la "kenosis", un término teológico utilizado por el apóstol Pablo en el himno de adoración en su carta a los filipenses, capítulo 2, donde describe la manera en que Cristo se rehusó a explotar su poder y, en su lugar, dio un paso para solidarizarse con las personas, haciéndose Emmanuel, *el Dios que está con nosotros*. En la historia cristiana, Dios mismo desea caminar en los zapatos de la humanidad, para experimentar su realidad, y permite que eso lo moldee.

Embebida en esta historia está la idea de que la experiencia moldea nuestra percepción de la realidad.

Ningún concepto es más aterrador para los cristianos y cristianas bajo la influencia del pensamiento occidental, modernista y posterior a la ilustración, que creer que *nuestra experiencia vivida* y nuestras *emociones* podrían ser componentes claves que influyen en nuestro concepto de la verdad. Pero esta es la parte fundamental de lo que significa ser un seguidor de Cristo: que caminamos con quienes percibimos como "lejanos", aquellas personas a las que no entendemos, a quienes consideramos "pecadoras". Y es en ese proceso de caminar juntos y juntas que Dios nos habla más poderosamente y que nuestro concepto de realidad se termina moldeando de forma dramática.

¿Qué estoy diciendo con esto? Creo que los primados anglicanos que piden la separación de la iglesia episcopal debido a su posición sobre las relaciones entre personas del mismo sexo están actuando por miedo e ignorancia, porque nunca se han sentado en una mesa ni han caminado junto a ningún discípulo o discípula de Jesús LGBTQ+. Es fácil demonizar a la distancia. Es fácil señalar "herejes" cuando nunca caminaste en los zapatos de la otra persona ni experimentaste a Dios a través de los ojos de tu "otro u otra". Estos primados y, de hecho, todos aquellos que se oponen animosamente a los cristianos y cristianas LGBTQ+, necesitan seguir el imperativo bíblico y conocer a un puñado de estos fieles seguidores y seguidoras. Necesitan experimentar la vida a través de nuestros ojos. Necesitan ver cuán honrosas de Dios pueden ser nuestras relaciones y nuestro "estilo de vida". Porque hasta que no hagan eso, solo se aferrarán a la teología desencarnada, y nada es más peligroso, destructivo o mortal.

¿Qué quiere decir todo esto para el futuro de la comunión anglicana? Por más que varios de mis amigos y amigas conservadores crean que este es un movimiento importante que amenaza con causar una catástrofe en la comunión, no creo que sea ni remotamente cierto. El arzobispo de Canterbury dijo la semana pasada que si ocurriera un cisma, sería una "falla" a tratar como comunión de cristianos, pero que no sería un "desastre". No obstante, tengo la esperanza de que las acciones agresivas de los primados no resulten en un cisma, sino que abran la puerta a más conversaciones y diálogos. El cisma debería reservarse solo para los casos más graves de heterodoxia e inmoralidad, y los desacuerdos sobre las relaciones entre personas del mismo sexo ni siquiera se acercan a eso.

Que Dios les conceda a los líderes de la comunión anglicana el discernimiento, la gracia y la valentía para abrazar el camino encarnado de Cristo, rehusándose a dividirse por doctrinas desencarnadas. Que caminen en los zapatos de las mismísimas personas con las que están discutiendo. Y que, al hacerlo, experimenten el poder de Dios que trabaja en las vidas de las minorías sexuales y de género y a través de ellas, y se destruya su resistencia al movimiento salvaje e indomable del Espíritu Santo.

"Nuestro amor debe expulsar al miedo: sobre el tiroteo de Orlando"
14 de junio de 2016

Estaba en un bar gay en Londres cuando las noticias de que había un tiroteo en un club nocturno LGBT+ en Orlando inundaron mi iPhone. En la calle, entre cientos de otras personas LGBT+, conversábamos, nos reíamos y celebrábamos la vida. Vi las noticias y mi reacción inicial fue suspirar de incredulidad, aunque presupuse que se trataba de otro tiroteo trágico en los Estados Unidos con los que estoy más familiarizado de lo que quisiera. Elevé una breve plegaria por las personas involucradas, guarde mi teléfono y continúe disfrutando del momento con amigos y amigas.

Transcurrió el tiempo y las noticias continuaban apareciendo en mi teléfono. El número de muertos había subido. Las sospechas apuntaban a motivos terroristas, y el lugar era un posible objetivo por ser un club nocturno LGBT+. Esa noche, cuando me fui a acostar, estaba sobrepasado de emociones. Había estado de gira por todo el Reino Unido, hablando sobre la liberación LGBT+ y la importancia de abrazar la totalidad de nuestro ser. Había pasado casi toda una semana con personas LGBT+, compartiendo vida con ellas, escuchando historias de angustia y dolor, y se me recordó que estábamos juntos y juntas en esto. Empezaba a sentir una chispa de esperanza de que las cosas en nuestro mundo realmente estaban cambiando para mejor. Que nuestras iglesias y sociedades estaban despertando al don hermoso que son las personas queer, y que nuestro amor estaba ahogando el odio y el miedo.

Sin embargo, recostado en mi cama, un momento de duda emergió en mi mente. Estábamos en el 2016, ¿cómo es que aún sucedían atrocidades como esta? ¿Cómo puede un jovencito, tan atormentado por su miedo al amor queer, llevar a cabo tal acto de odio? Quizás, después de todo, las cosas no habían cambiado demasiado.

En los últimos días, he visto las noticias de todo el mundo, he visto las muestras de apoyo a la comunidad LGBT+ en Orlando y he escuchado los nombres sagrados de los que se perdieron en ese club nocturno; los leí una vez tras otra, y opté por creer que aún hay esperanza.

Cada una de las personas que se perdieron en ese club nocturno estaban allí porque el lugar proveía un santuario para que fueran libres de abrazar su ser más verdadero y pleno, y para dejar que su luz y amor brillaran de verdad. Allí, sus vidas habían sentido que la liberación era posible para las personas LGBT+, y esa noche un individuo profundamente destrozado y temeroso decidió atentar contra la liberación; interrumpió sus vidas porque no podía comprender la grandeza y la belleza de su amor.

Sus nombres, rostros e historias ahora nos hablan como testigos del poder del amor; cada nombre y cada cara representan un alma que estaba en el viaje de la vida, de la liberación, de descubrir y abrazar todo aquello para lo que fueron creados. Sus vidas nos hablan, nos llaman a dar un paso adelante, a salir, a enfrentar este acto de terror con el poder del orgullo y a dejar que nuestro amor brille en el mundo. No hay respuestas ni justificación, y verdaderamente ningún consuelo para las familias, amigos, amigas y comunidades de quienes murieron esa noche.

Debemos continuar recordando los nombres, los rostros y las historias de cada vida que se perdió, y permitir que sus historias nos impulsen hacia adelante. Algunas de esas personas habían salido del clóset con sus amigos, amigas y familiares. Otras, no. Algunas eran aliadas, madres y amigas. Todos y todas dan testimonio de nosotros y nos llaman a abrazar el amor, a luchar ferozmente contra las ideologías que engendran miedo y odio, y a mostrar al mundo que el amor queer es verdadero, que es el mismo amor de Dios. Sus vidas nos llaman a no tolerar más las creencias y prácticas que hacen de las personas LGBT+ ciudadanos y ciudadanas de segunda clase, perpetuando la mentira de que, de alguna manera, tenemos trastornos mentales.

La única manera de luchar contra tales actos de terror es con el poder del amor. Y el amor no permanece en silencio. El amor alza la voz. El amor no permite que la violencia continúe, sino que trabaja incansablemente para denunciar la raíz del terror y demandar cambios de fondo. Este es un mensaje para nuestras iglesias, gobiernos, escuelas; en efecto, para toda dimensión de nuestro mundo. No podemos aceptar menos que la plena inclusión, aceptación y abrazo a las personas LGBT+, porque es exactamente eso y no otra cosa lo que matará al miedo y permitirá que nuestro amor se magnifique en medio de ustedes.

El miedo se alimenta de la incomprensión y la ignorancia. Crece cuando no está cerca de las personas a las que se opone. El miedo se genera en la separación, que nos permite demonizar desde la distancia. Pero el amor nos llama a la unión. El amor nos llama a la relación, al abrazo pleno con aquellos a quienes más tememos. Y en ese abrazo sucede algo milagroso. El poder de la unión, del compañerismo, de la proximidad con quienes más tememos nos transforma. Expulsa nuestro miedo. Y magnifica el amor. Este es el camino que conduce a la vida. Este es el camino que expulsará al odio y al miedo en nuestro mundo.

Que esta tragedia inconcebible nos haga hacer una pausa para pensar en lo que creemos, cómo vivimos y cómo queremos que sea nuestra vida. Que cada vida perdida nos llame a la valentía, nos dé el poder de dar un paso adelante y nos permitan decir lo que hay que decir, hacer lo que hay que hacer y ser quienes fuimos creados para ser. Que cada una de las cuarenta y nueve vidas que se perdieron sea nuestra inspiración para hacer el trabajo y ser el cambio, sin importar el costo. Es la única forma de honrarlas, de librar a nuestro mundo del miedo y de permitir que florezca el amor.

"Todo debe cambiar: sobre el privilegio, el patriarcado y Donald Trump"
1.° de septiembre de 2016

Estamos en un periodo de la historia estadounidense en el

cual todas las formas en que nuestro país ha funcionado desde su concepción están siendo desmanteladas y deconstruidas. Desde la fundación misma de nuestra nación, nuestros líderes han sido impulsados, en gran parte de manera inconsciente, por el poder del patriarcado. El patriarcado es, en su nivel más rudimentario, la creencia de que los hombres están mejor preparados para liderar y son el ejemplo ideal de cómo debería ser una persona. Dentro de la mentalidad patriarcal se encuentra la imagen singular del hombre supremo que toda la sociedad lucha por elevar y honrar. Para nosotros en el mundo occidental, esta imagen ha sido la del hombre heterosexual, blanco, cisgénero, hipermasculino, rico y cristiano. Esta es la imagen ideal de la humanidad, el tipo de persona que necesitamos para dirigir nuestros hogares, nuestras iglesias y nuestra nación, el único tipo de persona realmente capaz de dirigirnos directamente al camino del idealismo estadounidense. Naturalmente, a esta clase de hombre se le da poder y privilegio a expensas de quienes no encajan en esta imagen idealizada (mujeres, personas de color, minorías sexuales, y los "afeminados"). Este tipo de personas, que conforma la mayor parte de la población, en algún nivel son vistas como herramientas destinadas para ayudar a que los humanos idealizados vivan la vida que desean, más allá del lugar que los últimos les otorguen a estos "sub-humanos".

Como resultado directo de los sistemas inconscientes del patriarcado, hemos visto opresión sistemática de cada uno de estos grupos a través de nuestra historia. Y aunque es cierto que se ha avanzado mucho, la opresión continúa. Las mujeres no reciben salarios justos e igualitarios, las personas de color son encarceladas y asesinadas por delitos menores, y las pertenecientes a la comunidad LGBT+ pueden ser despedidas por su orientación sexual o identidad de género en más de la mitad de los estados de nuestra nación. No somos una nación igualitaria en absoluto, a pesar de lo que se nos adoctrina a creer de nuestros políticos y currículos escolares. Somos una nación que idealiza un tipo de ser humano, que brinda privilegios, beneficios y protecciones a una clase de persona antes que a cualquier otra. Si eres un hombre cisgénero, heterosexual y blanco, Estados Unidos es tu nación. Para ti, el límite es el cielo. Pero para el resto de nosotros y nosotras, en diversos grados, las barajas están en nuestra contra.

Piénsalo. Hasta la elección del presidente Barack Obama, nuestra nación ha sido guiada *solo* por el tipo de persona que he descrito arriba. Pero con la elección de Obama hemos alcanzado un punto de inflexión fundamental que asestó un golpe devastador a los sistemas patriarcales que han alimentado a Estados Unidos desde nuestros inicios. Por primera vez, a una persona no blanca se le otorgó la posición más poderosa de nuestra nación. Inmediatamente, como recordarán, gran parte del orden patriarcal establecido arremetió contra Obama, cuestionando todo, desde su religión hasta su lugar de nacimiento —no pudieron soportar perder esta posición tan importante que permitía que su sistema de privilegios continuara. En los últimos ocho años, hemos visto la erosión constante del poder y también la influencia del patriarcado. El racismo sistémico ha sido traído a la conciencia nacional y ha tenido grandes empujones a través del trabajo del #BlackLivesMatter; el movimiento de derechos

LGBT+ ha ganado poder e influencia política, asegurando la igualdad en el matrimonio para todas las minorías sexuales y de género, y luchando para terminar con la discriminación de una vez por todas; y ahora, una mujer es candidata demócrata a la presidencia. El patriarcado se derrumba. El poder se escapa entre los dedos de los privilegiados y la forma en que nuestra nación ha funcionado desde su fundación se está reconfigurando para siempre.

Naturalmente, son tiempos de terror para los beneficiarios del patriarcado. Para ellos, todavía ciegos ante la opresión sistémica de la que se han beneficiado y que han perpetuado, esto parece un declive moral, una amenaza para los sueños más fundamentales de nuestros padres fundadores. Y, hasta cierto punto, tienen razón. Aquellos que socavan los sistemas patriarcales que han alimentado a nuestra nación *están amenazando* muchos de los valores de los padres fundadores, quienes, más allá del idealismo de sus palabras consagradas en nuestra Constitución, deseaban perpetuar el patriarcado y crear una nación donde *pudieran* sobrevivir y prosperar sobre las espaldas de aquellos y aquellas a quienes creían personas menos que ideales. Nuestra nación está atravesando una gran revolución de valores e ideales, y *nunca* volveremos a ser los mismos.

El cambio da miedo y perder privilegios y poder a menudo se siente como una amenaza para tu "igualdad" o tus "derechos". No es de extrañar que en medio de estos tiempos tumultuosos, un candidato como Donald Trump haya llegado al poder con un mensaje simple: restaurar el patriarcado en Estados Unidos. Hacer que los hombres cristianos ricos, blancos, heterosexuales y cisgénero sigan cómodos y en el poder. Deportar o encarcelar a quienes amenacen la forma de vida patriarcal. Y, por supuesto, motivados por su miedo, muchos han acudido en masa para apoyar a Trump como un último esfuerzo para recuperar su privilegio. Este es el significado real detrás del eslogan de campaña de Trump: "Hacer que Estados Unidos *vuelva a ser grandioso*". *Alguna vez* fuimos grandiosos y nuestra nación necesita regresar a aquellos *valores* (aunque vinieran acompañados de opresión hacia las mujeres y las minorías).

Cuando vemos los eventos actuales de nuestra nación a través de esta lente, todo se vuelve claro como el cristal. Nada es tan misterioso o desconcertante como parecía. ¿Cómo podría un candidato tan incompetente, grandilocuente e intolerante como Donald Trump llegar a tal posición de poder e influencia? Es simple. Amenaza el privilegio de las élites de la sociedad y observa lo que sucede. Observa las muchas formas creativas en que las personas privilegiadas tratan de recuperar su poder —hablan de "libertad religiosa", terrorismo y muros. Y si eso no funciona, en última instancia recurrirán a la ira y la violencia como un medio para afirmar su poder y recuperar el control.

Donald Trump es la encarnación del patriarcado estadounidense, y su electorado principal son los temerosos beneficiarios de ese sistema, que están dispuestos a hacer todo lo posible para evitar que la igualdad verdadera y duradera para *todas* las personas se convierta en una realidad en nuestra nación. Porque la igualdad y la justicia para *todos y todas* significa privilegios para *nadie*, y eso no es sobre lo que *realmente* se fundó esta nación. En principio, Estados Unidos es un país de progreso e igualdad radical, sin duda. No obstante, en la práctica somos una cultura de segregación, discriminación y miedo. Aunque creo que ese día está llegando a su fin. Sin embargo, antes de saborear la verdadera igualdad, primero experimentaremos la reacción de aquellos a quienes el privilegio se les está escapando de los dedos. Lucharán, gritarán "persecución" y finalmente perderán. Poco saben que su pérdida es en realidad una victoria para *todos y todas* nosotros y nosotras, incluidos *ellos*. Porque en ese día, cuando los hombres cristianos blancos, heterosexuales, cisgénero y ricos ya no obtengan el poder a través de la opresión hacia quienes son diferentes, podríamos descubrir verdaderamente la capacidad de ser una nación indivisible, con libertad y justicia para todos.

"Bienvenidos y bienvenidas a la revolución"
31 de enero de 2017

Durante demasiado tiempo, muchos de nosotros hemos permitido que nuestra complacencia obstaculice nuestros actos. Caímos en un trance, creyendo que las cosas no se podían poner realmente *tan* malas. Pero lo impensado sucedió.

A veces hago memoria de la noche electoral de noviembre. Me había reunido con un grupo de amigos y amigas LGBT+ en un local del partido demócrata con la esperanza de pasar la noche celebrando una victoria para el progreso. A medida que avanzaban las horas y llegaban los números, uno de mis amigos me miraba con frecuencia y me preguntaba: "Brandan, ¿es hora de empezar a preocuparse?". Respondí: "Por supuesto que no. No hay forma de que gane". Este intercambio ocurrió media docena de veces a lo largo de la noche y, después de aproximadamente una hora, decidimos que sería mejor dejar el local y dirigirnos a un espacio más privado donde seguir viendo los resultados. Alrededor de una mesa, miramos en silencio la pantalla del televisor mientras llegaban los números. En la habitación, el miedo era palpable. No podíamos comer, no podíamos beber y no podíamos hablar. Después de casi otra hora, decidimos que era hora de irnos a la cama.

Los resultados parecían seguros —un hombre inmoral y no calificado que representaba la antítesis de todas nuestras esperanzas y valores estaba a punto de tomar el control de nuestra nación. Nunca creímos que algo así pudiera suceder. Tal situación solo parecía posible en un pasado lejano, en tiempos de reyes y dictadores. Ciertamente, nuestro mundo civilizado y evolucionado no podría volver a esa época. Y, sin embargo, cuando me desperté por la mañana y miré mi teléfono, la alerta de noticias de CNN decía: "Donald Trump será el 45º presidente de los Estados Unidos"; me dejé caer en la cama y lloré.

Mis lágrimas no fueron porque mi partido político perdió. No fueron porque creyese que los republicanos son indecentes y peligrosos. Mis lágrimas llegaron al darme cuenta de que había estado viviendo en un estado de ensoñación, atrapado en el engaño de que, de alguna manera, nuestra nación estaba mejor de lo que realmente estaba. Tenía la ilusión de que habíamos progresado mucho más de lo que lo hicimos. Lloré porque me di cuenta de que había un gran grupo de personas en todo este país que todavía no creían que yo debía tener los mismos derechos como persona LGBT+. Había un gran grupo de personas que creía que las personas de color deberían ser marginadas o deportadas por causa de su religión o nacionalidad. Me había aislado completamente y había olvidado que esa clase de personas existía.

Lloré porque mis ilusiones de progreso y cambio se desvanecieron de la noche a la mañana, y la realidad de cuánto trabajo quedaba por hacer me abrumaba y encendía un miedo profundo de que, si seguíamos cayendo de nuevo en el mismo estado de trance, volveríamos a permitir que esta ilusión de progreso continuara, mientras las raíces profundas de los mayores obstáculos de nuestra nación continuarían haciéndose cada vez más profundas.

Lloré porque tenía miedo de que nos volviésemos complacientes otra vez.

Han pasado unos meses desde la elección de Donald Trump, y debo decir que esas lágrimas y temores casi se han evaporado. En los últimos meses, hemos visto un levantamiento sin precedentes del pueblo estadounidense de todas las razas, religiones y niveles socioeconómicos que salieron a las calles en todas las ciudades, grandes y pequeñas, de nuestra gran tierra. Hemos visto el surgimiento de movimientos de justicia verdaderamente interseccionales, donde el enfoque insular en los temas que nos afectan se ha desvanecido en un grito por justicia para todas las personas. Hemos visto a personas de fe y de ninguna fe unirse para oponerse a la profanación de la tierra sagrada de los nativos americanos, y cientos de miles de estadounidenses acuden a los aeropuertos para exigir que los refugiados musulmanes sean recibidos con los brazos abiertos.

Mis lágrimas de miedo se han convertido en lágrimas de alegría, porque creo que muchos de nosotros, una vez cegados por nuestras burbujas y privilegios, hemos sido sacados de nuestro sueño y finalmente nos hemos dado cuenta de que si no nos ponemos de pie, hablamos y agitamos las cosas, entonces realmente podríamos vivir tiempos oscuros y opresivos. Nos hemos unido en oposición a la agenda de un hombre que representa lo peor de nuestra naturaleza humana —codicia, prejuicio, arrogancia, explotación, violencia y abuso— y estamos exigiendo que nuestro gobierno represente lo mejor de nuestra naturaleza humana —caridad, generosidad, gracia, reconciliación y amor.

Hemos entrado en un momento que nunca antes habíamos visto. Un momento de despertar y de unidad, un momento en el que el arco moral del universo se inclina verdaderamente hacia un futuro más justo y generoso.

Claramente, tenemos un largo camino por recorrer, pero estoy convencido de que el cambio que ha ocurrido en nuestra nación y en todo el mundo es lo suficientemente poderoso como para superar las fuerzas que buscan hacernos retroceder. Todos debemos apoyarnos en este despertar y seguir cuestionando la complacencia que inevitablemente surgirá en nuestras mentes, sabiendo que si nos sentamos y nos callamos, las raíces de la injusticia solo se harán más profundas. Pero que si nos ponemos de pie, hablamos y actuamos, realmente podemos transformar el futuro y allanar el camino hacia ese mundo más hermoso que nuestros corazones saben que es posible.

En esta época de gran peligro, deseo que recuperemos esa esperanza profunda y obstinada que ha existido en el corazón de todos los grandes reformadores y revolucionarios que supieron vislumbrar un futuro más allá de su realidad actual, y que lucharon sin descanso para que todos y todas nos acercáramos a la nueva realidad. Nos enfrentamos a muchas amenazas, sin duda, y cuando superemos estos obstáculos, solo puedo imaginar que nos encontraremos profundamente unidos en corazón, mente y visión, al borde de una nueva era de la historia donde la justicia realmente fluirá como un río y el amor realmente ganará. Hasta entonces, debemos continuar nuestra lucha por ese nuevo mundo feliz.

Ahora, más que nunca, creo en nuestro poder colectivo para derribar el mal y superar la injusticia. Ahora, más que nunca, creo que podemos unirnos a través de nuestras divisiones más profundas y pintar un cuadro de ese sueño común por un mundo que funcione para el bien de todos y todas. Ahora, más que nunca, creo que cuando alcemos nuestras voces en nombre de los demás, crearemos una fuerza del bien que no podrá ser detenida ni siquiera por los oponentes más poderosos. Ahora, más que nunca, creo que nuestra luz vencerá la oscuridad que hemos dejado crecer bajo la superficie.

Es el momento de despertar y progresar.

Bienvenidos y bienvenidas a la Revolución.

"Por qué tu bandera arcoíris no es suficiente"
16 de agosto de 2018

Hace algunos años, fui invitado a predicar a una iglesia autoproclamada "LGBT+ inclusiva". Fue una de las primeras veces que me invitaron a un púlpito desde que salí del clóset como cristiano abiertamente homosexual, y me sentí profundamente honrado de encontrar un lugar que me acogería a mí y a mi vocación, independientemente de mi sexualidad. Al acercarme a la iglesia, vi una gran bandera arcoíris que colgaba sobre la puerta; algo sanador y estimulante, una señal de que, en ese espacio, no tendría que avergonzarme de quien Dios me hizo. Cuando me acerqué a la puerta, había un letrero que decía "¡Celebramos la diversidad!", otro indicador de que esta iglesia se estaba inclinando hacia el llamado del Evangelio a la inclusión radical. Cuando llegó el momento de predicar, caminé hasta el púlpito y observé a la congregación por primera vez; una comprensión sorprendente me golpeó como una pared de ladrillos: casi *todos* los reunidos en el espacio eran blancos, cisgénero, hombres gay.

Hacía falta diversidad.

Desde esta experiencia hace años, he notado que muchas iglesias progresistas e inclusivas se encuentran en un lugar similar: trabajan arduamente para incluir a la comunidad LGBT+, que generalmente significa la comunidad LG (lesbianas y gay), y una vez que aprueban una resolución o nombrar a un líder gay, su compromiso con la inclusión se detiene. Si bien nunca quisiera minimizar la importancia de las comunidades inclusivas LGBT+, la cuestión con la que deben lidiar las comunidades religiosas inclusivas es si *realmente hemos entendido* o no todo lo que implica nuestro reclamo de inclusión. Si tu comunidad se dedica a incluir *solo a un grupo* marginado de personas a expensas de otros, ¿puedes realmente afirmar que es inclusivo?

Durante los últimos cinco años, he tenido el honor de trabajar con iglesias y denominaciones de todo el mundo en su camino hacia la inclusión LGBT+, y al participar en este arduo trabajo me ha quedado claro que la comprensión general de la inclusión en los círculos cristianos es gravemente deficiente. Hemos fallado en comprender cómo funciona realmente la opresión sistémica en nuestras iglesias y sociedades, y no hemos logrado comprender la realidad de la interseccionalidad —que toda opresión y marginación están fundamentalmente unidas y, por lo tanto, a menos busquemos la liberación y la inclusión de *todos* los grupos marginados, en realidad no los estamos incluyendo *por completo*.

Lo que quiero decir es esto: la comunidad LGBT+ es *increíblemente* diversa. Un gran número de personas LGBT+ que enfrentan marginación por su sexualidad o identidad de género también enfrentan exclusión y discriminación debido a su raza, estatus socioeconómico o discapacidad (por nombrar algunas áreas), y si no trabajamos de manera intencional para desmantelar la discriminación de nuestras comunidades y las posturas privilegiadas hacia estas categorías *al mismo tiempo* que luchamos por la inclusión de las minorías sexuales y de género, entonces no somos *realmente inclusivos* de toda la comunidad LGBT+. En realidad, solo estamos incluyendo una pequeña porción privilegiada de la comunidad LGBT+ y, por lo tanto, estamos participando en la promoción de la opresión hacia *otros* grupos minoritarios.

En mi nuevo libro *True Inclusion* [La verdadera inclusión], abordo el tema de cómo las iglesias y las comunidades pueden participar intencionalmente en el arduo trabajo de la verdadera inclusión, con historias y pasos prácticos que he visto funcionar en comunidades de fe inclusivas en todo el mundo. Hacia el final del libro, desafío a los líderes religiosos y a los miembros de la comunidad a considerar cuál es el objetivo de la iglesia. ¿Debe ser grande numéricamente o debe reflejar toda la diversidad de la creatividad de Dios y ser un poderoso faro de sanación y justicia para el bien del mundo? La realidad es que cuando una comunidad se compromete a adoptar una postura de inclusión radical, a menudo está tomando la decisión de sacrificar el crecimiento numérico por el bien de la justicia y la liberación de los marginados. Pero este es el llamado de Cristo y es el costo de transitar por el camino de la liberación.

Concluyo un capítulo con las siguientes palabras: creo que las iglesias inclusivas son llamadas a tener puertas giratorias que continuamente den la bienvenida a nuevas personas para que descubran lo que significa ser parte de una fe que promueve la justicia, y luego las envía al camino con nuestra bendición. De este modo, prevenimos que nuestra comunidad se diluya en el intento de ofrecer todo a todos, alentamos a las personas a volverse los seres humanos totalmente formados que Dios creó para que así lo fueran, y todo el tiempo tenemos espacio y recursos para ayudar a nuevas personas que están buscando una comunidad de sanación y restauración.

Es mucho más fácil buscar la liberación y la inclusión de *un* grupo de personas particular: es cómodo, fácil de administrar y fácil de vender. Pero el llamado de Cristo y el compromiso que exige la inclusión es que sacrifiquemos el deseo egocéntrico por comunidades más grandes y nos apoyemos en la necesidad de comunidades que verdaderamente sanen y transformen vidas a través del poder del Evangelio. Si vamos a ser fieles al camino de Jesús y apoyarnos en la postura plena de inclusión, debemos compromenternos en la inclusión interseccional, siempre buscando elevarnos y aprender de las diversas voces que desafiarán a nuestras comunidades y las transformarán en el faro poderoso de justicia que están llamadas a ser. Debemos luchar contra nuestro deseo de comodidad e inclinarnos hacia el camino de liberación para nosotros y para todas las personas, que exige repensar nuestra forma de hacer iglesia y vivir en comunidad.

El camino hacia la inclusión no es fácil. Es por eso que muchas comunidades no llegan a este alto llamamiento. Una bandera del arcoíris y una carroza del orgullo *no son* suficientes. Siempre debemos trabajar para transformar nuestras perspectivas y preguntarnos "¿Hay alguien que no está siendo aceptado en nuestra comunidad?", y trabajar para asegurar que tengan el mismo acceso al lugar que les corresponde en la mesa de la gracia de Dios. Esto es lo que exige la verdadera inclusión, y así es seguir el verdadero camino de Jesús.

"Levántate y alza tu voz: sobre el acoso motivado por la religión"
Huffington Post, 19 de octubre de 2017

Estaba acorralado en una esquina del gimnasio, rodeado por un pequeño grupo de chicos y chicas que me empujaban y gritaban: "¡Te ves tan gay!". No sabía qué decir ni qué hacer. Estaba aterrado. Mientras seguían gritando y riéndose de mí, haciendo bromas sobre mi cabello, mi voz y mis pantalones ajustados, sentí que la vergüenza se apoderaba de mi rostro. No sabía por qué me estaba pasando esto y no sabía cómo detenerlo. Me levanté de un salto, me abrí paso entre la multitud y salí corriendo; me derrumbé detrás de un arbusto y lloré.

Este incidente me sucedió cuando tenía quince años y estaba en un *evento de mi grupo de jóvenes,* en una iglesia bautista en Baltimore, Maryland. No era la primera vez que me pasaba algo así, ni tampoco sería la última. Recuerdo que se burlaron de mí desde los primeros días de escuela y que me agredieron físicamente por parecer, actuar o sonar "gay", lo que sea que eso signifique.

Cuando comencé a asistir a una iglesia cristiana conservadora a mis doce años, las cosas solo empeoraron. Ahora, la intimidación homofóbica que experimenté era justificada y alentada por líderes de la iglesia que aseguraban hablar en nombre de Dios. "La homosexualidad es un pecado —dijeron en una predicación—, pero debemos amar al pecador y odiar el pecado". Eso se tradujo, en realidad, en excluir, acosar y marginar al pecador hasta que cambiara, hasta que dejara la iglesia o, incluso, algo peor.

El acoso en la escuela es un problema real para los jóvenes LGBT+. Los estudios muestran que más del 64 por ciento de los jóvenes LGBT+ reconocieron miedo de asistir a clases debido al hostigamiento vicioso que tienen que enfrentar, y el 31 por ciento de los jóvenes LGBT+ dicen que los funcionarios escolares no hacen nada para mantenerlos a salvo. Ahora, imagina cuán grave es la situación para los jóvenes LGBT+ en contextos *religiosos* conservadores, ya sean escuelas privadas o grupos juveniles de las iglesias.

Si bien no he encontrado un estudio oficial sobre estos números, sugeriría con confianza que entre el 85 y el 90 por ciento de los jóvenes LGBT+ que forman parte de entornos religiosos conservadores viven con el temor de ser acosados por sus compañeros, familias y líderes religiosos por igual, y la mayoría de los que enfrentan tal tormento probablemente no serán apoyados ni defendidos por ninguna autoridad en la comunidad de fe.

El acoso ocurre porque nuestro entorno nos ha condicionado para temer lo que no se percibe como "normativo". Ocurre porque se ha introducido el mensaje que dice que, a menos que alguien se vea, actúe, se vista y ame dentro de cierto estándar culturalmente definido, es anormal y potencialmente peligroso. El acoso ocurre cuando no valoramos los dones que la diversidad y la individualidad otorgan a nuestra cultura colectiva y nos aferramos a los míticos ideales conformistas. Y es seguro decir que ninguna comunidad cultiva estas mentalidades y entornos más que las religiosas.

Escribo esto, por cierto, como líder religioso. Soy el pastor principal de una iglesia cristiana en San Diego, California. He pasado más de una década dentro de comunidades de fe, entrenándome para ser un "profesional religioso", y en el transcurso de mi viaje he visto tanto la tremenda sanidad que estas comunidades pueden traer, como el tremendo daño que pueden perpetrar.

Ahora, pregúntale a casi cualquier líder religioso conservador si apoya el acoso hacia los jóvenes LGBT+ y, *por supuesto*, dirá que "absolutamente no". El problema es que cuando la ideología fundamental que perpetúan enseña que alguien es *fundamentalmente defectuoso* debido a una parte inmutable de su personalidad, no hay forma de que tu comunidad no perpetúe la intimidación. Cuando a los niños se les enseña que ser LGBT+ es desviarse y que el movimiento por los derechos LGBT+ es una afrenta a Dios (enseñanzas comunes en entornos religiosos conservadores), ¿cómo se supone que pueden no traducir ese mensaje en exclusión y acoso? ¿Cómo se ve exactamente "amar al pecador" mientras "odias su pecado", cuando el llamado "pecado" es *parte de su propia identidad*?

En este día del Espíritu, quiero ser certero sobre esta verdad: si tu iglesia, familia, escuela o comunidad enseña que *ser* LGBT+ es pecaminoso, incorrecto o antinatural, eres culpable del tormento que lleva a los jóvenes LGBT+ a tener tres veces más probabilidades de intentar suicidarse que otros jóvenes. Del mismo modo, si tu comunidad se niega a tomar una posición en apoyo de las personas LGBT+, también es culpable del daño que se hace a los jóvenes LGBT+, porque el silencio es complicidad.

Aquí no hay lugar para el desacuerdo. Predicar un mensaje de exclusión es predicar un mensaje que fomenta el acoso y la marginación. Lo he experimentado una y otra vez a lo largo de mi vida en entornos religiosos conservadores, y yo también me he visto conducido al borde del suicidio debido a los mensajes repetitivos y el comportamiento que experimenté a manos de líderes religiosos y de personas.

Con todo lo que hoy sabemos sobre la sexualidad humana y la identidad de género, y con la prevalencia de estudios que demuestran el impacto de la enseñanza y práctica religiosas exclusivas en las personas LGBT+, ya no es aceptable promover estos mensajes de daño y exclusión, y ciertamente no está bien permanecer en una posición ambigua. Jesús mismo ordenó: "¡Que tu sí sea sí y tu no sea no!". Si perteneces a una comunidad que excluye, y que a su vez perpetúa el daño a las personas LGBT+, debes estar dispuesto a decirlo y reconocerlo. Por eso estoy tan agradecido por el trabajo de una nueva organización llamada Church Clarity [Claridad Eclesial], que está presionando a las iglesias de todo el país para que aclaren su posición. Su gente merece saber, y los jóvenes LGBT+ merecen estar protegidos del daño que se les hará en entornos no afirmantes.

Del mismo modo, aquellos que se erigen como aliados religiosos afirmantes de las personas LGBT+ también deben ponerse de pie y ser contados, no tener miedo de denunciar a las instituciones y líderes que perpetúan el daño y ser conocidos como puertos seguros y defensores de los jóvenes

LGBT+ en sus comunidades. Estas personas nos necesitan a nosotros y nuestro apoyo. Necesitan saber que son amadas y que serán defendidos frente a la homofobia, por lo que estoy agradecido con organizaciones como Faith in America [Fe en Estados Unidos], que está reuniendo a miles de personas para defender a los jóvenes LGBT+ y poner fin a las enseñanzas homofóbicas de las instituciones religiosas.

Con todo, el sufrimiento que experimenté al crecer dentro de mi contexto religioso podría y debería haberse evitado. Se debe evitar el sufrimiento de toda persona LGBT+ a manos de quienes nos excluyen y demonizan. Pero para que eso suceda, necesitamos que nuestros aliados se pongan de pie, hablen y actúen en nuestro nombre. Necesitamos que nuestras iglesias, escuelas y familias estén comprometidas con nuestra igualdad y nuestro florecimiento como partes vitales de cada comunidad. Necesitamos disipar todos y cada uno de los mitos de la "normalidad" con sus llamados a la "conformidad", y abrazar la hermosa complejidad que es la humanidad. Necesitamos especialmente que las instituciones religiosas reconozcan y se apropien del daño que han perpetuado, se arrepientan públicamente y tomen acciones tangibles para garantizar la inclusión y el florecimiento de las personas LGBT+ entre nosotros y nosotras.

En cualquiera de los casos, este es el Espíritu en el corazón de todas nuestras tradiciones religiosas. El Espíritu de amor, de creatividad y de gracia. Y en este día del Espíritu, es mi más sincera esperanza, oración y llamado a cada líder religioso y a cada persona de fe que actúen en nombre de los jóvenes

LGBT+ en su comunidad. Se los debemos, y sus propias vidas dependen de ello.

"El daño de la terapia de conversión"
Huffington Post, 28 de febrero de 2017

La siguiente es una transcripción de mi testimonio ante la Septuagésima Primera Asamblea General del Estado de Colorado en apoyo del Proyecto de Ley de la Cámara 17-1156, que busca hacer que la terapia de conversión en menores de profesionales de la salud mental con licencia sea ilegal en Colorado.

Señor presidente, comité, buenas tardes.

Mi nombre es Brandan Robertson y soy un ministro evangélico LGBT+ y autor, y actualmente vivo aquí, en Denver.

Hace cuatro años, era estudiante del último año en el instituto bíblico Moody, en Chicago. Durante mi último año, comencé a confesarles a algunos profesores de confianza sobre mi "lucha" contra la atracción por personas del mismo sexo. Muy rápidamente, me dijeron que necesitaba comenzar a trabajar para superar este "pecado" en mi vida. Una profesora me "recetó" un famoso libro sobre terapia reparativa y me dijo que comenzara a leerlo y le dijera lo que pensaba. También sugirió con mucha fuerza que comenzara a reunirme con otro profesor para una versión suave de la terapia de conversión.

Todas las semanas durante todo mi último año, me reuní con este profesor que había estudiado la pseudopsicología de los terapeutas de conversión. Además del programa que me ofreció, me animó a comenzar el tratamiento con varios *terapeutas de conversión autorizados*. Cada semana venía a la oficina de mi profesor y me pedían que confesara mis atracciones "pecaminosas". Buscaba profundamente en mi pasado para encontrar los períodos de abuso que me habían hecho gay y, usando agua bendita, crucifijos y oración intensa, le pedimos a Dios que curara esas heridas y me ayudara a superar aquellas peligrosas atracciones hacia el mismo sexo.

Afortunadamente, con veinte años en ese momento, pude encontrar una comunidad de apoyo en Chicago que me ayudó a darme cuenta de que lo que estaba experimentando en estas sesiones no solo era científicamente infundado sino psicológicamente dañino; pude mantener cierto grado de salud y, finalmente, en 2015, salí del clóset como un evangélico abiertamente LGBT+.

Para muchos jóvenes en todo Colorado, encontrar una comunidad de apoyo para contrarrestar las narrativas peligrosas y la pseudociencia no es una opción. Los estudios muestran constantemente que los jóvenes salen del clóset a edades cada vez más tempranas, y si se encuentran en un hogar cristiano conservador, existe una alta probabilidad de que se vean obligados a participar en programas de terapia de conversión mucho más dañinos e intensos que el que experimenté.

Los estudios muestran que los jóvenes LGBT+ que provienen de hogares cristianos tienen *muchas más* probabilidades de intentar suicidarse que aquellos que no lo son, porque muchas familias han recibido información falsa de los terapeutas sobre el desarrollo de la orientación sexual y la identidad de género y el valor de la terapia de conversión.

Debido a que la terapia de conversión se enmarca como una cuestión de fe en la capacidad de Dios para transformar las luchas "pecaminosas", muchos padres ni siquiera pueden considerar la idea de que esta práctica es dañina, porque hacerlo sería una contradicción para su fe.

Esto fuerza a miles de jóvenes LGBT+ a participar en estos programas, ya sea por desinformación y engaño, o en contra de su voluntad, y el daño que se hace tardará décadas en solucionarse e, incluso, puede costarles la vida.

Hoy estoy aquí para apoyar este proyecto de ley, que protegerá a los jóvenes LGBT+ de prácticas peligrosas y desacreditadas que buscan cambiar la orientación sexual y la identidad de género que Dios les dio. Este proyecto de ley está dirigido a terapeutas con licencia estatal que afirman falsamente que ser LGBT+ es una enfermedad mental y que, por lo tanto, se aprovechan de los jóvenes y sus padres, provocando un daño inconmensurable.

Este es un asunto de derechos humanos.

Como cristiano evangélico, me veo obligado a defender a los que no tienen voz y a decirle la verdad al poder. Los jóvenes LGBT+ en esta nación, que con demasiada frecuencia han sido silenciados por líderes de la iglesia, padres y terapeutas que practican esta versión desacreditada de la terapia, necesitan una voz. Merecen estar a salvo de ser sometidos a una pseudoterapia como la que atravesé yo. Necesitan legisladores y líderes religiosos que se pongan de pie en su nombre y los defiendan de estas prácticas destructivas.

Por eso hoy estoy aquí. Como alguien que ha sobrevivido y ahora prospera como persona evangélica y abiertamente LGBT+, estoy aquí para hacerles saber a estos jóvenes que hay esperanza para ellos y ellas. Y estoy aquí para pedirles que no permitan que un niño, niña o joven más se someta a la fuerza a las prácticas dañinas y desacreditadas de la terapia de conversión. Las vidas están realmente en juego, y no podemos seguir observando mientras el futuro de los jóvenes se ve gravemente obstaculizado por el daño causado por los terapeutas autorizados que realizan esta práctica irresponsable y desacreditada que es la terapia de conversión.

Muchas gracias por su tiempo.

"¿Por qué el orgullo? Una explicación para personas heterosexuales"
Huffington Post, 2 de junio de 2017

Junio es el mes del orgullo nacional, un mes reservado para recordar, celebrar y empoderar a las personas queer y nuestras contribuciones al florecimiento de la humanidad. En todo el país, las personas LGBT+ y nuestros aliados y aliadas se reunirán en festivales, desfiles, fiestas, manifestaciones y marchas que proclamen audazmente que no nos avergonzamos de nuestra rareza y que no guardaremos silencio hasta que hayamos alcanzado la libertad y la igualdad plenas en nuestra sociedad y en todas las sociedades del mundo.

Sin embargo, durante este mes, también habrá mucho rechazo por parte de las comunidades heterosexuales y las personas que simplemente no entienden de qué se trata todo este asunto del orgullo. No puedo decirte la cantidad de veces que personas heterosexuales me acorralaron, me miraron a los ojos y dijeron: *"Estoy de acuerdo con que todos ustedes sean homosexuales, pero ¿por qué tienen que hacer alarde de ello en las calles? ¡No ves a gente heterosexual haciéndolo!"*.

A lo que yo respondo *"¡Estupideces!"*.

Lo digo de la manera más amable y sincera posible. Pero las personas heterosexuales y cisgénero *son las personas más visibles en el planeta tierra*, no solo por su gran número, sino porque sus relaciones, sexualidad y expresiones de género se consideran "normativas" y, por lo tanto, se enaltecen y repiten en todas las comunidades alrededor del país. Las personas heterosexuales cisgénero se toman de la mano mientras caminan por la calle sin temor a ser acosadas. Ven programas de televisión y películas, escuchan música y leen libros que se centran en sus relaciones y expresión de género. La mayoría de los anuncios en vallas publicitarias, sitios web y televisión se centran en personas heterosexuales y cisgénero. Y nuestro gobierno está creado para privilegiar y favorecer las relaciones heterosexuales por encima de todas las demás.

En resumen, las personas heterosexuales hacen alarde de su sexualidad todo el día, todos los días, en cada parte de este país. Y a pesar de la narrativa de extrema derecha de que los "gay se están apoderando de nuestra nación", para la mayoría de las personas LGBT+ en Estados Unidos todavía es increíblemente incómodo, en el mejor de los casos, peligroso en el peor, expresarnos en nuestras comunidades. En la mayoría de los estados de nuestro país, nuestros derechos y dignidad no están completamente protegidos por la ley y, de hecho, hay movimientos feroces que buscan oprimirnos y marginarnos a nosotros y nosotras y a nuestras relaciones.

Entonces, si bien hemos visto un progreso tremendo en la lucha por la igualdad, la inclusión y los derechos LGBT+ en los Estados Unidos, la realidad es que estamos increíblemente lejos de ser completamente iguales en todos los ámbitos de la sociedad. Y por eso el orgullo es tan importante.

Para muchas personas LGBT+, el mes del orgullo es la única época del año en la que pueden estar orgullosos de quienes son y a quienes aman. Es la única época del año en la que podemos salir con audacia a las calles con otros grupos de personas queer y proclamar que somos completamente humanos y que merecemos ser celebrados como a todos los demás. Incluso en las ciudades que se consideran aptas LGBT+, sigue siendo una experiencia increíblemente sanadora marchar en desfiles o asistir a festivales donde miles y miles de personas LGBT+ dejan que sus luces brillen sin miedo ante el mundo. El orgullo suele ser el inicio del proceso de sanidad del trauma infligido por nuestra sociedad patriarcal heterosexista. El orgullo es un momento en el que salimos de las sombras y declaramos que ya no estaremos obligados a reprimir nuestro ser más verdadero debido a la fragilidad heterosexual y al miedo.

Ahora, por supuesto, en medio de todas las causas y significados más profundos detrás del orgullo, también es —lo más importante— un momento de celebración. Es un momento para divertirse, relajarse y dejarse llevar en público, que es algo que las personas heterosexuales y cisgénero pueden hacer todos los días del año, pero algo que las personas LGBT+ simplemente *no pueden hacer*. Entonces, sí, personas de todas las formas, tamaños, religiones, etnias, razas y culturas marcharán por las calles sin camisa, y tal vez incluso sin pantalones (¡hola, slips!), pero esto tiene poco que ver con que lo LGBT+ sea hipersexual o promiscuo; en cambio, es una muestra radical de liberación y seguridad, un momento para dejar que nuestros cuerpos y vidas sean vistos como las hermosas demostraciones de creatividad y majestuosidad que son —algo que, nuevamente, las personas heterosexuales pueden ver y hacer todos los días.

Las marchas y festivales del orgullo se iniciaron como exhibiciones subversivas de luz en medio de la oscuridad de la heterogeneidad y el odio, y hoy, para muchos, si no para la mayoría de las personas LGBT+, aún conservan este importante significado y poder. Aunque parezcan fiestas gigantes en la calle, tómate un segundo y piensa en lo que se siente marchar por una ciudad, expresando por primera vez y libremente quién eres, a quién amas y lo que deseas sin temor a ser objeto de acoso, abuso o burlas. Piensa en todos los niños, niñas y adolescentes que saben que son LGBT+ pero que ni siquiera pueden imaginarse dando un paso fuera del clóset por el temor al abuso de sus familias, iglesias o compañeros; niñas, niños y adolescentes que miran a los que celebran el orgullo y ven un destello de esperanza en que las cosas puedan mejorar y de que pueden ser libres, estar seguros y celebrar lo que son. Ese es el poder del orgullo, y es por eso que el mes del orgullo es tan importante.

Entonces, si eres una persona heterosexual y te encuentras perpleja por las celebraciones del orgullo que tienen lugar en tu ciudad este año, detente y recuerda que puedes vivir y estar orgulloso todos los días sin miedo, sin opresión y sin siquiera pensar en ello. Ese es un regalo único que la mayoría de las personas LGBT+ nunca han experimentado. Piensa en todos los obstáculos para la igualdad que todavía existen en nuestra nación y en el trauma que tantas personas LGBT+ han enfrentado por ser simplemente quienes son o por amar a quienes aman. Y mientras reflexionas sobre la realidad de las personas LGBT+, espero que comiences a darte cuenta de la importancia y el poder del orgullo, y tal vez decidas levantar una bandera del arcoíris y mantenerte al margen, animando a tu comunidad LGBT+ local mientras expresan sin miedo su belleza.

> "Cuando todos los estadounidenses sean tratados como iguales, sin importar quienes sean o a quienes amen, seremos más libres".
>
> —Presidente Barack Obama

"No hay temor en el amor: mi experiencia tratando de quitarme lo gay a fuerza de oraciones"
Patheos, 30 de noviembre de 2018

Cuando entré en la oficina de profesores, estaba temblando. Se sabía que la Dra. Rose era una de las profesoras más feroces y obstinadas del campus y que en sus clases les gritaba a los estudiantes por no estar de acuerdo con sus puntos de vista políticos o teológicos. Me llamaron porque estaba "muy preocupada" por mi presencia en el instituto bíblico Moody, donde estaba terminando mi tercer año de estudios. Entré y me senté en una silla en la esquina de la oficina poco iluminada, y la Dra. Rose se volteó y me miró con fiereza en sus ojos. "Te has salido con la tuya. Creo que van a dejar que te gradúes, pero he estado luchando contra eso con todas mis fuerzas. Eres un engañador, un mentiroso, Satanás te está utilizando para llevar a toda una caravana de personas directamente al infierno. Deberías estar avergonzado. Si tuvieras algo de integridad, abandonarías la escuela ahora, devolverías tus becas y seguirías adelante". "Pero, Dra. Rose, no creo que lo entienda. Solo estoy tratando de ser honesto. ¡Todavía soy cristiano! —respondí con lágrimas en los ojos—. Simplemente creo que está bien hablar con personas que creen en cosas diferentes a las nuestras".

La Dra. Rose me había llamado a su oficina ese día porque otro profesor le había dicho que yo estaba luchando contra mi atracción hacia mi mismo sexo y, además de eso, en mi podcast y programa de radio del campus había comenzado a entrevistar a varios pastores populares reconocidos que afirmaban a los homosexuales. Creían que iba a empezar a abogar por la inclusión LGBT+ en el campus y a promover una teología que contradecía la posición oficial de Moody, cuando, en realidad, todavía era bastante conservador y creía firmemente que mi atracción por el mismo sexo era un pecado. Pero por el simple hecho de hablar con personas con diferentes perspectivas, se consideró que no solo era peligroso, sino demoníaco.

"Si quieres demostrar tu valía ante nosotros, debes empezar a reunirte con la Dra. Gene. Su oficina está justo al lado de la mía. Ella practica la oración de sanidad, que Dios puede usar para curarte de tu sexualidad". Al instante, respondí: "Por supuesto, haré cualquier cosa", y lo dije en serio. No estaba tratando de causar problemas, y no quería desviarme a mí ni a nadie más. "Y aquí hay un libro que quiero que leas y me informes. Está escrito por el mejor terapeuta en la temática de tu problema". La Dra. Rose me entregó un libro del tamaño de un ladrillo titulado *Shame and Attachment Loss* [Vergüenza y desapego] del Dr. Joseph Nicolosi, uno de los terapeutas reparadores más influyentes del país. "Lo haré —dije—. Lo siento mucho, Dra. Rose". Se apartó de mí y fui a tientas hacia la puerta de su oficina, visiblemente temblando, con lágrimas corriendo por mi rostro.

Al día siguiente, tuve mi primera reunión con la Dra. Gene, especialista en oración de sanidad. Solo la había visto por el campus unas pocas veces, pero me parecía una lesbiana estereotipada —alta, de complexión atlética, cabello corto y voz profunda. Entré en su oficina, que estaba adornada con crucifijos y pinturas de Cristo en la cruz. Cerró la puerta con suavidad y dijo: "Es un placer conocerte, Brandan. Escuché que has estado montando un infierno por aquí". Sonrió y luego lanzó una carcajada. "Realmente, no", dije con una leve sonrisa. "Moody puede ser un poco intenso a veces. Entonces, dime, ¿por qué estás aquí?". Durante la siguiente media hora, hablé de mi crianza con un padre abusivo y alcohólico y una madre demasiado apegada, hablé de mi atracción por el mismo sexo y mis luchas contra la masturbación. Le di todo a la Dra. Gene, con la profunda esperanza de que pudiera ofrecerme algo de ayuda.

Tan pronto terminé, me miró de nuevo con una sonrisa

amable y dijo: "¿Te importa si te pongo las manos encima y oro?". Asentí. Luego me guio en una de las oraciones más profundas que jamás haya experimentado. "Brandan, mientras nos sentamos en la presencia de Dios, identifica un momento en el que eras un bebé y te descuidaron". Imaginé una escena de la que mi madre me había hablado, en la que me dejaron llorar en una cuna durante horas mientras mi padre se desmayaba, borracho. Mientras evocaba imágenes de esa escena en mi mente, la Dra. Gene me impulsó a imaginarme a Jesús entrando en mi habitación, levantándome de la cuna y meciéndome en sus brazos. "¿Puedes sentir su corazón latiendo contra tu cuerpo?", preguntó. "Puedo. Siento tanta paz", respondí. Luego oró para que Dios derramara sanidad en mi joven alma, que rompiera las cadenas del dolor y las maldiciones generacionales que estaban sobre mí y comenzara a restaurarme para ser el hombre íntegro que estaba destinado a ser.

Hacia el final de la oración, la Dra. Gene tomó una botella de agua que estaba en su estantería y preguntó: "¿Te importa si uso un poco de agua bendita?". Me sorprendió. Éramos una universidad bautista conservadora, decididamente anticatólica. No usábamos agua bendita. Pero, siendo el atrevido que empujaba los límites que era, pensé que sería una experiencia genial. "Claro", respondí. Vertió agua en mi cabeza y declaró que estaba limpio ante Dios y que mis cadenas se estaban rompiendo. Luego me invitó a renunciar a todos los espíritus demoníacos que intentaban vencerme: "Repite conmigo: renuncio a Baal, Astarté, al espíritu de homosexualidad, a la maldición de mi padre...". Momento tras momento, renuncié a todo lo que ella me dijo y, a medida que las oraciones se volvían más apasionadas, sentí cosquilleos por todo el cuerpo. Para cuando dijo "amén", abrí los ojos y tenía lágrimas de alegría. Me sentí como un hombre nuevo. "Muchas gracias, Dra. Gene", exclamé. "Cuando quieras —respondió—. ¿Nos vemos a esta misma hora la semana que viene?". "¡Aquí estaré!", afirmé.

Salí de su oficina sintiéndome en una nube, como si Dios realmente me hubiera curado, no solo de mi atracción por el mismo sexo, sino de todo el dolor de mi vida. Sentí que me habían salvado de nuevo y estaba muy ansioso por regresar a su oficina la próxima semana para orar más. Cada semana, teníamos una experiencia similar en la que le compartía un poco más sobre mis "luchas contra el pecado" y la Dra. Gene me contaba un poco sobre las de ella, y oraba intensamente por sanidad. Comenzó a desarrollarse una relación profunda, como esperarías que sucediera con alguien con quien estás compartiendo tus pensamientos y luchas más íntimas. La Dra. Gene y yo comenzamos a intercambiar mensajes de texto fuera de clase y cada vez que me sentía tentado por la homosexualidad o la pornografía, le enviaba un mensaje y ella me devolvía una oración poderosamente redactada. Se convirtió en una defensora ante la Dra. Rose y el decano, quienes me vigilaban mientras continuaba escribiendo blogs y podcasts.

Aproximadamente cuatro meses después de mi tratamiento de oración de sanidad, tuve lo que llamé "un gran tropiezo". Había invitado a mi mejor amigo Max a casa durante las vacaciones; ambos luchábamos contra la atracción por el mismo sexo. Una mañana, al despertarnos, comenzamos a besarnos y a acariciarnos. Esto duró cinco minutos, pero tan pronto como nos detuvimos, nos llenamos de pavor. "¿Qué hemos hecho?", susurré en voz baja para que mis padres no pudieran oír. "Oremos", dijo Max. Caímos de rodillas junto a la cama y nos arrepentimos, rogándole a Dios que nos perdonara y nos alejara de este comportamiento pecaminoso. Tan pronto como terminamos, le envié un mensaje de texto a la Dra. Gene para hacerle saber lo que había sucedido y pedirle que orara. Ella me llamó y le expliqué la situación. Me reprendió firmemente, me dijo que mantuviera la distancia de mi amigo por el resto de mi viaje y oró por mí. Cuando colgué el teléfono, le conté a Max lo que la doctora había dicho y él estuvo de acuerdo. Casi ni hablamos durante el resto del viaje, y cada vez que me acercaba físicamente a él, se volvía y decía: "Aléjate de mí".

Reflexioné sobre esta experiencia durante los siguientes días antes de regresar a Chicago. Lo que pasó entre nosotros no se sintió mal, pero sabía que estaba mal porque la palabra de Dios así lo decía. La separación relacional, la reprimenda que recibí, todo se sintió como una reacción exagerada y dura. Todo se sintió "mal". Pero no podía expresarlo y luché contra estos pensamientos en mi cabeza. "Es el diablo tentándome", deduje. Pero cuando regresamos a Chicago, la Dra. Gene nos dijo a Max y a mí que necesitábamos lidiar con nuestro pecado de manera más severa, así que nos reservó una sesión con uno de los principales practicantes de la "oración de sanación" en la Iglesia de la Resurrección en Wheaton, Illinois, la base de operaciones de este movimiento de sanidad.

Era una mañana fría y gris de Chicago cuando Max y yo nos dirigimos a la estación de tren para ir a Wheaton. No nos dijimos mucho el uno al otro y teníamos la intención de mantenernos a distancia para no tentarnos a pecar. Me dolió el estómago durante todo el viaje, y me preguntaba qué experimentaríamos al llegar a la iglesia. Cuando entramos en el gran edificio vacío, fuimos recibidos por cuatro personas, incluido uno de los autores y líderes más destacados del movimiento de oración de sanación. Nos dieron la bienvenida y nos llevaron a una pequeña oficina donde nos sentaron uno al lado del otro y nos dijeron que describiéramos, en detalle, lo que habíamos hecho y nuestras luchas actuales contra el pecado.

Max y yo nos sentamos torpemente, en silencio. "¿Quieren que diga esto en voz alta?", les preguntó él a los consejeros. "Sí, a menos nombremos nuestro pecado y lo saquemos a la luz, no habrá sanidad", respondió uno. Entonces, Max comenzó a describir con lujo de detalles lo que sucedió en mi casa durante las vacaciones. Luego, habló de la tensión sexual que se había estado acumulando entre nosotros desde el primer año y de sus otras luchas. De mala gana, hice lo mismo, nombrando cada una de mis luchas, mis propias emociones sobre Max y mi deseo de ser sanado. Nos miraron con preocupación. "Van a tener que hacer grandes cambios, caballeros. Primero, su amistad se acabó". Sentí cómo se me formaba un nudo en el estómago y en la garganta. Empecé a llorar. Max era mi mejor amigo, sabía todo sobre mí y yo lo admiraba mucho. No estaba seguro de cómo podría continuar con mis estudios bíblicos sin él.

"A continuación, vamos a dedicar un tiempo a orar por los dos por separado. Brandan, ven conmigo". Seguí a un hombre esbelto de barba canosa hasta una oficina adyacente. Me pidió que me pusiera de pie, mientras presionaba su mano sobre mi espalda. Me miró a los ojos y dijo: "¿Quieres ser sanado?". Me sequé las lágrimas, respiré profundamente y dije: "Sí, realmente quiero".

Su asistente tomó una botella de agua bendita y comenzó a ungir mi cabeza y a orar para que Dios limpiara mi mente. Ungió mi pecho, pidiendo a Dios que limpiara mi corazón. Vertió agua en mi región pélvica y oró para que Dios sanara mis deseos sexuales. Y de la nada, puso sus manos sobre mi cabeza y comenzó a gritar en lenguas, un "lenguaje" ininteligible que Dios les dio a las personas. Dio gritos en galimatías y luego renunció a Satanás y a varias fuerzas demoníacas en inglés. Me quedé de pie con los ojos cerrados, temblando de miedo. No sentí la presencia de Dios en absoluto. No sentí que me curaran. De hecho, me pareció demoníaco. Este hombre no sabía lo que estaba haciendo. Me había hecho sentir avergonzado e incómodo. Mientras lo escuchaba gritar sobre mí, sentí que la ira en mi interior aumentaba. Esto había sido una *absoluta estupidez*.

Cuando finalmente terminaron de orar, nos despidieron y nos dijeron que deberíamos planear visitarlos pronto. Caminamos silenciosamente por la pequeña ciudad de Wheaton, de regreso al tren, y nos dirigimos a la ciudad. Max y yo no volveríamos a hablar durante unos meses. Entré en una temporada de oscuridad muy profunda: perdí a mi mejor amigo, a quien amaba profundamente, comencé a darme cuenta de que esta oración de sanación no estaba funcionando y enfrenté el hecho de que, si no continuaba con esto, probablemente no podría graduarme. La presión me llevó al hospital solo unas semanas después, cuando sufrí un ataque de pánico masivo en medio de la noche. Me desperté sin poder respirar, abrumado por el dolor y la vergüenza, sintiendo que algo debía estar muy mal en mí para que esto no funcionara. Todo lo que quería era ser fiel a Dios. Todo lo que quería era hacer lo correcto. Pero nada parecía funcionar. Nada pareció ayudar.

Continué reuniéndome con la Dra. Gene todas las semanas, tratando de ser auténtico en nuestras sesiones, pero volviéndome cada vez más cínico con Moody y todo este proceso. Ella pudo ver que algo estaba mal, pero continuó orando, ungiéndome con agua bendita y esperando que Dios hiciera algo para sanarme. Para cuando llegó mayo, la Dra. Gene me había asegurado que cuando le preguntaron si debería permitir que me graduara, había dado su respaldo, pero que seguía preocupada porque yo no había experimentado más sanidad ni progreso.

Durante la ceremonia de graduación, la Dra. Gene hizo la oración final sobre la clase de graduados, y sentí que la plegaria estaba dedicada a mí: "Dios, guárdalos de las trampas del pecado y condúcelos a la integridad y la santidad". Esta había sido, en verdad, mi esperanza y deseo. Pero nada en mi experiencia me había parecido santo ni había parecido conducirme hacia la plenitud: el rechazo y la demonización de profesores y estudiantes por igual, la constante vergüenza por mi atracción y la destrucción de mis relaciones más profundas me habían alejado más de Dios y me habían vuelto más cínico que nunca hacia el evangelicalismo. Mi fe estaba en ruinas y temía que mi vida también lo estuviera pronto.

Seis meses después, me había mudado a Washington D. C. y había aceptado un trabajo para una nueva organización llamada "Evangélicos por la Igualdad Matrimonial". En mi tiempo fuera de la escuela, descubrí que había grandes grupos de cristianos que eran mucho más amables, gentiles y afirmantes de mi identidad, incluso mientras continuaba luchando para reconciliar mi fe y mi sexualidad, y me apasionaba buscar que la brecha entre la comunidad LGBT+ y los evangélicos se cerrara. A medida que las historias sobre mi trabajo comenzaron a surgir en los medios de comunicación nacionales, comencé a escuchar cosas de estudiantes y profesores de Moody.

"Hoy, la Dra. Rose pasó la mitad de la clase advirtiéndonos sobre ti, Brandan", me envió un estudiante. "¿Por qué? ¿Por argumentar a favor de los derechos civiles?", pregunté. Estaba familiarizado con la forma en que Moody demonizaba a los estudiantes que dejaban su campus y luego no continuaban alineados con sus puntos de vista sociales y teológicos. Solo esperaba que los estudiantes fueran lo suficientemente sabios como para no creer en cualquier narrativa de demonización que se estuviera lanzando sobre mí. Unos días después, abrí mi bandeja de entrada y vi un nombre que hizo que el color de mi cara desapareciera. Era la Dra. Gene. El siguiente es un extracto de ese correo electrónico:

"Hola Brandan,

La última vez que hablamos contigo [...] reconocí que eras holgazán y que estabas negado a ejercer tu voluntad para dejar de pecar. Fuiste deshonesto, entre otras cosas, al ocultar tu compromiso con ciertos puntos de vista heréticos. Sobre la expiación, por ejemplo. Me pregunto si en tus costosas charlas le dices a la gente lo deshonesto, astuto y manipulador que eres. Me pregunto si les hablas de tus adicciones y compulsiones. Me pregunto si les dirás cuán activamente cultivas una vida de pecado y cuán condenadamente perezoso eres mientras estás tan inactivo en la justicia. ¿Les dices lo desinteresado que estás en la Palabra? ¿O cuán impulsado estás por el poder, deseando dones espirituales para exhibirlos en público? Entonces, ¿a dónde conducen exactamente los puentes que supuestamente construiste? Ciertamente, eres un líder, Brandan. Es seguro decir que en la trayectoria actual de tu vida llevarás a muchos a una existencia infernal. Y cuando necesites la sangre de Cristo para lavar tus pecados, ¿a dónde irás, ahora que has renunciado por completo a Su obra redentora y transformadora? Sé que te gusta que te mimen. Las palabras verdaderas te parecen duras (esto, por supuesto, mantiene cerrada la reja de tu prisión personal). Sin embargo, solo tiene sentido decir una palabra: arrepiéntete".

Cuando leí este correo electrónico por primera vez, me sorprendí de no sentir enojo. No me sentí intimidado. No; mientras leía estas palabras, sentí *verdadera lástima* por la Dra. Gene. Sentí lástima por muchos de mis profesores en

Moody. Sentí pena por aquellos que habían dedicado sus vidas a tratar de extirparle lo gay a la gente a través de la oración. Cada línea de este correo electrónico estaba impregnada de miedo. Ese fue el mismo miedo que llevó a los estudiantes y profesores a temer que yo hablara con personas con diferentes perspectivas. Fue el mismo miedo que hizo que Max y yo rompiéramos nuestra relación. Fue el mismo miedo que me había llevado al hospital. Fue el mismo miedo que me hizo querer renunciar por completo a la fe. Y recordé las palabras de la Escritura en 1 Juan 4:16-18, que dice:

> Dios es amor. El que permanece en amor, permanece en Dios, y Dios en él. Ese amor se manifiesta plenamente entre nosotros para que en el día del juicio comparezcamos con toda confianza, porque en este mundo hemos vivido como vivió Jesús. En el amor no hay temor, sino que el amor perfecto echa fuera el temor. El que teme espera el castigo, así que no ha sido perfeccionado en el amor.

Cada intento por cambiar mi sexualidad tuvo sus raíces en el miedo. Cada palabra dura y cada amenaza de expulsión surgió de una postura de miedo. Todo en mi fe como cristiano evangélico tuvo su origen en el miedo al infierno, el miedo al juicio y, en última instancia, el miedo a Dios. Pero luego, del otro lado de estas experiencias traumáticas e intentos de curarme, sentí, por primera vez, una profunda sensación de amor. No es un amor sentimental, sino una sensación duradera de que Dios me abrazaba y de que, independientemente de lo que creyera o hiciera, nada podía separarme de este amor. Me di cuenta, por primera vez, de que la fe evangélica que temía la diferencia y buscaba cambiarme tenía sus raíces en el miedo y, por lo tanto, no se podía decir que provenía de Dios, porque "el que teme no está perfeccionado en el amor".

Mientras relato mi experiencia, tratando de encontrar la sanidad sobre cómo Dios me hizo, y mientras escucho las historias de personas que pasaron por cosas mucho peores que yo, mi corazón sigue rompiéndose. Se rompe debido a lo engañados que están estos cristianos que no conocen el amor duradero, disponible para liberarlos de vivir con miedo. Se rompe debido a la cantidad de cristianos LGBT+ que terminan destruyendo o acabando con sus vidas debido a la presión que ejercen sobre ellos los cristianos que infunden miedo. Se rompe porque muchos de estos cristianos nunca llegarán a experimentar la liberación que yo he probado al descubrir la verdad de las palabras escritas en 1 Juan: el amor expulsa todo temor.

El amor que comparto con mis parejas del mismo sexo es liberador. El amor que puedo proclamar todas las semanas como pastor cristiano abiertamente gay sana las heridas más profundas. El amor que siento por mí mismo, como hombre gay creado a imagen y semejanza de Dios, me ha liberado de las cadenas de la esclavitud y la vergüenza. La vida que ahora vivo está llena de tanta alegría y paz, que siento como si hubiera nacido de nuevo. Solo espero que aquellos que todavía viven en la esclavitud del miedo prueben este amor y sean liberados para ser las personas que Dios siempre quiso que fueran.

BIBLIOGRAFÍA

Anderson, Cheryl. *Ancient Laws and Contemporary Controversies: The Need for Inclusive Biblical Interpretation*. Oxford: Oxford University Press, 2009.

Apulieus. *Golden Ass*. Robert Graves (trad.). New York: Farrar, Straus & Giroux, 1951.

Ateek, Naim Stifan. *A Palestinian Theology of Liberation*. New York: Orbis, 2017.

Auburn Seminary. *Being in Relationship*. 6 de diciembre del 2018. Disponible en www.auburnseminary.org/wp-content/uploads/2018/11/BIR-online-final.pdf.

Berlin, Adele, and David Stern, eds. *The Jewish Study Bible*. Oxford: Oxford University Press, 2004.

Boscoe-Huffman, Scott, et al. "Religious Belief and Perceptions of Psychological Health in LGBT Individuals". Disponible en www.researchgate.net/profile/Louis_Hoffman/publication/260002146_Religious_Belief_and_Perceptions_of_Psychological_Health_in_LGBT_Individuals/links/0a85e52f-00dd10ca98000000.pdf.

Brownfeld, Allen. "It Is Time to Confront the Exclusionary Ethnocentrism in Jewish Sacred Literature", *Issues Winter*, 2000, 10.

Carter, J. Cameron. *Race: A Theological Account*. Oxford: Oxford University Press, 2008.

Cheng, Patrick. *Radical Love: An Introduction to Queer Theology*. New York: Seabury, 2011.

Cicero, Marcus Tullius. *Pro Rabirio Postumo*. Mary Siani-Davies (trad.). Oxford: Clarendon, 2001.

Cone, James. *God of the Oppressed*. New York: Orbis, 2000.

Craig, John. "Wesleyan Baccalaureate Is Delivered by Dr. King", *Hartford Courant*, 8 de junio de 1964, 4.

Day, John. "Does the Old Testament Refer to Sacred Prostitution and Did It Actually Exist in Ancient Israel?", en *Biblical and Near Eastern Essays: Studies in Honour of Kevin J. Cathcart*, Carmel McCarthy y John Healey (eds.), 2–21. New York: Continuum, 2004.

Department of Women's Studies. "The History of Patriarchy", en *University of Colorado*, 13 de febrero del 2015. Disponible en: www.colorado.edu/wrc/2015/02/13/history-patriarchy.

DeYmaz, Mark. *Disruption: Repurposing the Church to Redeem the Community*. Nashville, TN: Thomas Nelson, 2017.

Dover, Kenneth. *Greek Homosexuality*. Cambridge: Harvard University Press, 1978.

Figueroa, V., y F. Tasker. "Siempre tuve la idea del pecado en mi mente...': Family of Origin, Religion, and Chilean Young Gay Men". *Journal of GLBT Family Studies* 10.3 (2013) 26997.

Filón. *On Flight and Findings*. Peter Kirby (Trad.). Disponible en: www.earlychristianwritings.com/yonge/book19.html.

Flood, Derek. *Disarming Scripture: Cherry-Picking Liberals, Violence-Loving Conservatives, and Why We All Need to Learn to Read the Bible Like Jesus Did*. San Francisco: Metanoia, 2014.

Frilingos, "Sexing the Lamb", en *New Testament Masculinities*, Stephen Moore y Janice Anderson (eds.), 297–318. Semeia Studies, 45. Atlanta: Society of Biblical Literature; 2003.

Gagnon, Robert A. J. *The Bible and Homosexual Practice: Text and Hermeneutics*. Nashville, TN: Abingdon, 2001.

Goldbach, Jeremy. "Growing Up Queer and Religious: A Quantitative Study Analyzing the Relationship between

Religious Identity Conflict and Suicide in Sexual Minority Youth". Artículo presentado en la 141° reunión anual de APH. University of Southern California, 2013.

Gonnerman, Joshua. "Why Matthew Vines Is Wrong about thw Bible and Homosexuality". First Things, 11 de octubre del 2012. Disponible en: www.firstthings.com/web-exclusives/2012/10/why-matthew-vines-is-wrongabout-the-bible-and-homosexuality.

Goodacre, Mark. *The Synoptic Problem: A Way through the Maze.* London: T. & T. Clark, 2001.

Handley, Paul. "Primates Distance Themselves from the US Episcopal Church in Official Statement". The Church Times, 14 de enero del 2016. Disponible en: www.churchtimes.co.uk/articles/2016/22-january/news/uk/primates-distance-themselves-from-the-us-episcopal-church-in-officialstatement.

Hartke, Austen. *Transforming: The Bible in the Lives of Transgender Christians.* Louisville, KY: Westminster John Know, 2018.

Hays, Richard B. "Awaiting the Redemption of Our Bodies", en *Homosexuality and the Church,* Jeffrey Silker (ed.), 3–17. Louisville, KY. WJK, 1994.

Hess, Carol Lakey. *Caretakers of Our Common House: Women's Development in Communities of Faith.* Nashville: Abingdon, 1997.

"The History of Patriarchy". *University of Colorado,* Department of Women's Studies, 13 de febrero del 2015. Disponible en: www.colorado.edu/wrc/2015/02/13/history-patriarchy.

Holtz, Barry. *Back to the Sources: Reading the Classic Jewish Texts.* New York: Simon & Schuster, 2006.

Human Rights Campaign. "Policy and Position Statements on Conversion Therapy", *Human Rights Campaign* 2012. Disponible en: http://www.hrc.org/resources/policy-and-position-state-ments-on-conversion-therapy.

Jerome. Letter XXII. *In Letters and Select Works*, W. H. Fremantle (trad.). *Select Library of Nicene and Post-Nicene Fathers*, Series 2, Vol. VI. Edinburgh: T. & T. Clark, 1892.

Jewish Press Staff. "Study: Highest Suicide Rates among Religious Homosexuals", *Jewish Press* 2012. Disponible en: www.jewi-shpress.com/news/breaking-news/study-highest-rate-of-sui-cide-among-religioushomosexuals/2012/09/05/.

Kalir, Doron M. "Same-Sex Marriage and Jewish Law: Time for a New Paradigm?". Documento de trabajo. Cleveland State University, 2015. Disponible en: www.engagedscholarship. csuohio.edu/cgi/viewcontent.cgi?referer=https://www.goo-gle.com/&httpsredir=1&article=1815&context=fac_articles.

Keen, Karen. *Scripture, Ethics, and the Possibility of Same-Sex Rela-tionships*. Grand Rapids: Eerdmans, 2018.

Kirk, J. R. Daniel. "Eschatological Trajectory of Gay Inclusion", en *Patheos*, 10 de marzo de 2016. Disponible en: www.patheos. com/blogs/storiedtheology/2016/03/10/eschatological-tra-jectory-of-gay-inclusion/.

———."Trajectories toward Gay Inclusion?", en *Patheos*, 27 de febrero de 2016. Disponible en: www.patheos.com/blogs/ storiedtheology/2016/02/27/trajectories-toward-gay-inclusion/.

Kramer, Samuel Noah. *The Sacred Marriage Rite: Aspects of Faith, Myth and Ritual in Ancient Sumer*. Indianapolis, IN: Indiana University Press, 1969.

Kuruvilla, Carol. "Chilling Study Sums Up Link between Religion and Suicide for Queer Youth". *The Huffington Post*, 19 de abril de 2018. Disponible en: www.huffingtonpost.com/entry/

queer-youth-religion-suicide-study_us_5ad4f7b3e4b077c-89ceb9774.

Lillback, Peter, Vern Poythress, Iain M. Duguid, G. K. Beale, and Richard B. Gaffin. *Seeing Christ in All of Scripture: Hermeneutics at Westminster Theological Seminary*. Philadelphia: Westminster Seminary Press, 2016.

Loader, William. "Biblical Perspectives on Homosexuality and Leadership". *Murdoch University*, febrero de 2008. Obtenido de: www.staff.murdoch.edu.au/~loader/LoaderBibPerspectives.pdf.

———. "What Does the Bible Say about Homosexuality?" Murdoch University. Obtenido de: www.staff.murdoch.edu.au/~loader/homosexuality.html.

Marcovich, Miroslav. "From Ishtar to Aphrodite", *Journal of Aesthetic Education* 30.2 (1996) 43–59.

Martin, Colby. "The Newest Non-LGBTQ-Affirming Approach: Reviewing Preston Sprinkle's 'Center for Faith, Sexuality, & Gender'". 3 de octubre de 2018. Disponible en: https://www.colbymartinonline.com/blog/2018/10/2/the-newest-non-lgbtq-affirming-approach-reviewing-preston-sprinklescenter-for-faith-sexuality-amp-gender.

McGrath, Alister. *Christian Theology: an Introduction*. Oxford: Wiley Blackwell, 2017.

Moltmann, Jürgen. "Jesus and the Kingdom of God", *The Asbury Theological Journal* 48.1 (1993) 5–18.

Moxnes, Halvor. *Putting Jesus in His Place: A Radical Vision of Household and Kingdom*. Louisville, KY: Westminster John Knox, 2003.

Nicholas, Ray. "Lesbian, Gay, Bisexual, and Transgender Youth: An Epidemic of Homelessness", *National Gay and Lesbian*

Task Force Policy Institute, 2007. Disponible en: http://www. thetaskforce.org/reports_and_research/homeless_youth.

Noll, Mark. *The Civil War as a Theological Crisis.* Chapel Hill, NC: University of North Carolina Press, 2015.

Punt, Jeremy. "Romans 1:18–32 amidst the Gay-Debate: Interpretive Options", *HTS Teologiese Studies/Theological Studies* 63.3 (2007) 965–82.

Robertson, Brandan. *Our Witness: The Unheard Stories of LGBT+ Christians.* Eugene, OR: Cascade Books, 2017.

———. *True Inclusion: Creating Communities of Radical Embrace.* St. Louis, MO: Chalice, 2018.

Rohr, Richard. *The Universal Christ: How a Forgotten Reality Can Change Everything We See, Hope For, and Believe.* New York: Convergence, 2019.

Roller, Lynn. *In Search of God the Mother: The Cult of Anatolian Cybele.* Berkeley: University of California Press, 1999.

Silberman, Lou Hackett, and Haim Zalman Dimitrovsky. "Talmud and Midrash", *Encyclopædia Britannica*, 5 de julio de 2016. disponible en: www.britannica.com/topic/Talmud.

Swancutt, Diana. *Toward a Theology of Eros.* New York: Fordham University Press, 2006.

———. "Still before Sexuality: 'Greek' Androgyny, the Roman Imperial Politics of Masculinity and the Roman Invention of the Tribas", en *Mapping Gender in Ancient Religious Discourses*, Todd Penner y Caroline Vander Stichele (eds.), 11–61. Leiden: Brill, 2007.

Tashman, Brian. "Michael Brown: Gays Use Youth Suicide Victims as 'Pawns'". *Right Wing Watch*, 27 de enero de 2012. Disponible en: http://www.rightwingwatch.org/post/michael-brown-gays-use-youth-suicide-victims-as-pawns/.

Tombs, David. "Crucifixion, State Terror, and Sexual Abuse: Text and Context". Otago, NZ: University of Otago, 2018. Obtenido de: https://ourarchive.otago.ac.nz/bitstream/handle/10523/8558/Tombs%202018%20-%20Crucifixion%2C%20State%20Terror%2C%20and%20Sexual%20Abuse%20-%20Text%20and%20Context.pdf?sequence=1&isAllowed=y.

———. "#HimToo—Why Jesus Should Be Recognised as a Victim of Sexual Violence". 23 de marzo de 2018. Disponible en: http://theconversation.com/himtoowhy-jesus-should-be-recognised-as-a-victim-of-sexual-violence-93677.

Townsley, Jeramy. "Paul, the Goddess Religions, and Queer Sects: Romans 1:23–28". *Journal of Biblical Literature* 130.4 (2011) 707–28.

Walsh, Jerome, T. "Leviticus 18:22 and 20:13: Who is Doing What to Whom?", *Journal of Biblical Literature* 120.2 (2001) 201–9.

Walters, Jonathan. "Invading the Roman Body: Manliness and Impenetrability in Roman Thought", en *Roman Sexualities*, Judith P. Hallett y Marilyn B. Skinner (eds.), 29–46. Princeton: Princeton University Press, 1997.

Webb, William. "The Limits of a Redemptive-Movement Hermeneutic: A Focused Response to T. R. Schreiner", en *Evangelical Quarterly*, 75.4 (2003) 327–42.

———. *Slaves, Women & Homosexuals: Exploring the Hermeneutics of Cultural Analysis*. Downers Grove, IL: Intervarsity, 2001.

Yuan, Christopher. *Giving a Voice to the Voiceless: A Qualitative Study of Reducing Marginalization of Lesbian, Gay, Bisexual and Same-Sex Attracted Students at Christian Colleges and Universities*. Eugene, OR: Wipf & Stock, 2016.

CPSIA information can be obtained
at www.ICGtesting.com
Printed in the USA
BVHW031512280721
612371BV00001B/60